于丹 汉字之美

于丹·著

北京联合出版公司
Beijing United Publishing Co.,Ltd.

图书在版编目（CIP）数据

于丹·汉字之美 / 于丹著 .—北京：北京联合出版公司，2020.5

ISBN 978-7-5596-4089-5

Ⅰ . ①于… Ⅱ . ①于… Ⅲ . ①汉字—研究 Ⅳ . ① H12

中国版本图书馆 CIP 数据核字（2020）第 042119 号

于丹·汉字之美

作　　者：于　丹

责任编辑：孙志文

北京联合出版公司出版

（北京市西城区德外大街 83 号楼 9 层　100088）

三河市嘉科万达彩色印刷有限公司印刷　新华书店经销

字数 138 千字　880 毫米 ×1230 毫米　1/32　8.75 印张

2020 年 5 月第 1 版　2020 年 5 月第 1 次印刷

ISBN 978-7-5596-4089-5

定价：48.00 元

序言

中文的血脉

我一直喜欢写字。

写字最早留下来的纪念，是我四岁时给正在农村下放的妈妈写的一封信，信封上歪歪扭扭地写着“大稿村，妈妈收”，“稿”字是按姥姥写好的样子，一笔一笔地描下来的。

在电子邮件、短信、微信很发达了以后，我依然保持着写信的习惯。我出差多，每到一地，就用当地的明信片或者酒店里的稿纸给我女儿写信。女儿跟我一起度假的时候，我们俩便会一起给她留在家里的姥姥和爸爸写信。我始终认为电子邮件上不会带着异域的阳光或风雨，不会有海腥或青草的味道，更不会带着手指上的微汗和偶尔滴下来的泪水。特别是笔迹，每一个人独特的笔迹，可以把每一封信书写出唯一的样子。

不写信的时候，我写日记。从六七岁开始直到今天，我的身边一直有日记本子，并不见得每天书写，但是带在身边有一种类似心绞痛患者带着硝酸甘油的踏实感。日记是写给自己的书信，和微博上发的从本质上就不相同。

日记是一种私密书写，所以我把繁体字密密麻麻地排列在一起，看得见造字法的来处。我一向觉得中国字的象形渊源充满感性的智慧，每写下一个字，都隐耀着一幅画的秘密。

画儿一样的象形字是小孩子特别喜欢的。发现了这一点，教幼小的女儿认字就变成了一种游戏。

女儿的小名叫苗苗，我告诉她，这就是田地里冒出来的庄稼和小草的嫩芽。两三岁的时候，她饶有兴趣地“画”自己的名字，往往把“田”字的边框画成一个圆圈，里面的十字写成一个叉。草字头写得又扁又宽的时候，就像一个地雷，有时候草字头画得又细又长，“苗”字就像一个手雷。

认识草字头的“亲戚”们是从厨房开始的，韭菜、芹菜、菠菜、蒜苗、茼蒿、莲藕、茴香、萝卜、洋葱……有一阵子，苗苗是把黄瓜、冬瓜、西红柿排除在蔬菜之外的，因为看名片非我族类。后来我告诉她西红柿也叫番茄，她恍然惊喜，从此把红茄子、紫茄子、白茄子也归入了蔬菜组织。

在苗苗三岁的那个春天里，我们特意去认识了茉莉、蔷薇、芙蓉这些美丽的花儿，当然还有花儿的“萌芽”“芬芳”，以及不开花的苔藓和藤萝。我一手举着茶杯，一手搂着她小小的身子，给她讲神农尝百草的故事，她才知道原来“茶”与“药”是同源的，至于认识苍茫、萧萧、蒹葭之类，都是上学以后的事情了。

就这样，我成功地用汉字的偏旁，在一个小幼童的心里种了草，以至于她两三岁时玩得最多的日常游戏就是表演偏旁。

我问：“苗苗的小手可以做什么呀？”她就抓挠着十个粉嘟嘟的小手指说：“可以抱妈妈、拍桌子、捏豆豆、打蚊子、扔垃圾、攥拳头给姥姥捶腿……”

我就把这些字一个一个地写下来，再一个一个地画，一个一个地让她认。换一天到了“苗苗的小脚可以做什么？”那就是一场大型表演秀，各种蹦、跳、踢、踩、跨、跃，也包括不小心的踉跄和跌，都会在家里真实上演好几遍，然后再一个字一个字地搬到纸上。

苗苗对于这些抽象的汉字显然是不感兴趣的，她要求的是“画出来”。我虽然是中文系出身，但一直在古典文学这一脉里，对语言学、文字学只是粗知通识，为了给三岁小孩儿“画”中国字，逼得我从裘锡圭先生的《文字学概要》开始啃起，认真琢磨说文解字。那时候对我帮助最大的一本书是瑞典人林西莉耗时八年写出的《给孩子的汉字王国》，满纸都是画，深入浅出。

我恍然大悟，原来给幼儿讲汉字的方法也可以用于外国人学中文的入门，汉字“六书”中的象形、指事、会意、形声都可以用来讲故事，一幅“画”的背后就有一个观念的秘密。

这个懵懂的想法，直到我遇到白乐桑先生的时候，终于得到印证。

在巴黎，法国国民教育部汉语总督学白乐桑先生，用他纯正优雅的汉语和我闲悠悠地聊天，他的汉语里含着许多敬辞和委婉的说法。在我刚上小学的时候，白先生就作为第一批法国公派留学生走遍了北京的大街小巷。

“我不是很理解，中国人为什么总是对外国人说学习汉语汉字很难呢？”白先生交叉着修长的十指，慢条斯理地抛出这个问题，“仅仅是因为方块字需要一个个去单独记忆吗？也许这正是汉字传播最有趣味的地方。”

白先生说，他受法国教育部委托，曾经编辑过一本包含了400个汉字的汉语工具书。书很厚，专业性也很强，但是居然有一个接一个的法国家庭主妇来买这本并不便宜的书。她们觉得这些“图案”可以刺绣在孩子们的裙摆、领口和家里的桌布上。

这就是汉字之美，汉字本身的象形结构在跨文化传播中，不仅不是劣势，而且很可能具备直观想象的优势。只要我们回到人类童年的天真，暂且放下字词负载的复杂含义，那么汉字的象形指事甚至可以延伸到现代设计领域中，走进万户千家，作为文创产品，装点生活。王阳明的弟子王艮有个著名的观点：“百姓日用即道。”如果汉字独特的形态美，通过各国青年的认知走向百姓生活，中国文化之“道”是不是可能以有形载无形，完成一种有趣味的国际传播呢?

出于这个想法，我们筹建起“汉字之美”暨全球青年设计大赛的组委会，聘请北师大德高望重的文字学泰斗王宁先生作为总顾问，白乐桑先生及日本汉学家海村惟一教授等作为顾问团成员，我和北师大文学院王立军教授、清华大学设计学院陈楠教授分别担任总召集人、文字召集人、设计召集人，并且邀请了中国书法院管峻院长现场书写，让汉字按照偏旁部首做一场面对文化的“看图说话”。

2015年年初，《于丹：字解人生》首次由东方出版社出版，我和白乐桑先生一起策划的“汉字之美”活动也在这一年拉开帷幕。

时任联合国教科文组织主席的郝平副部长帮我们在埃菲尔铁塔下的联合国教科文组织总部找到了报告厅。教育部驻教科文组织大使张秀琴大姐帮我们动员了起码十几个国家的大使——基本都不太懂汉语，大家和七八十位大学生、媒体记者一起玩了一场嗨爆棚的拼字游戏。

首届“汉字之美”暨全球青年设计大赛选择发布的偏旁是心字底

和竖心旁。30 个心字底和竖心旁的汉字都被拆分开来，左边的展示板上是偏旁，右边的展示板上是另外的部分。大使们和大学生们随意组出一个字，这个字后面的观念就浮现为一个故事。

——什么是“思”呢？上面是象征大脑的“囟”，下面是一颗心，头脑的理性与心灵的感性平衡在一起，才是“有所思”。

——什么是“意”呢？“心音为意”，听懂弦外之音，方为会“意”。

——人为什么会“急”？这个象形字的中间部分就是手指攥着心，心里窄了，自然会急。

——“快”和“慢”为什么也从“心”？人们用“快乐”“欢快”“爽快”组成的都是愉悦的词，高兴的时光总是很“快”；而“怠慢”“傲慢”背后的原因都是不敬，这种体验当然度日如年。这就是中国人心理感受的相对论。

——又如，“忙”和“忘”之间有关联吗？两个字都是指一颗“心”已经亡逸，不在场了。我们现在的都市人真的很容易忙着忙着就“忙忘了”……

每拼出一个字，我就讲一段文字的故事，现场的书法家就写出一幅作品，作为礼物交给拼字的人。从汉字最早的构造到阳明心学的“心外无物，心外无理”，这象形的一个“心”字藏了多少中国人的哲学。

记得《于丹：论语心得》翻译成英文版的时候，我的翻译埃丝特从标题就和我有理解上的分歧。作为爱丁堡大学翻译学的教授，她很严谨地告诉我“心得”这个词要译成 acquaintance 或者 experience。我问她可以用 heart 体现吗？她说宁可用 soul。经过很久的一段朋友般的相处，特别是经过埃丝特的丈夫——一位贵州人的反复阐释，这个书名最终被翻译成 Confucius from the Heart。这是一个简练透彻的标题，充满情感的温度，我非常喜欢。后来超过 30 个语种的翻译都以这个英文版为母本，也一致沿袭了这个标题。

这件事给我留下一个深刻的印象，就是中国人动辄拍着胸膛说的“天地良心”，在西方文化里往往被表达为一个更为深邃理性的词“soul”，而不是热腾腾、痛切切的“heart”。就像林语堂先生所说的，中国人的一颗心是五脏六腑都参与其中的表达，如果用英语去翻译“肝肠寸断”“肺腑之言”“肠子都悔青了”“一肚子学问”，那简直比登天还难。

那么，“汉字之美”推出“心”和竖心旁延展到设计大赛中，我们面向的十八岁到四十四岁的全球青年设计师会准确抓住要义吗？

我们真是低估了世界青年对于汉语的好奇心和想象力。

在 1500 多份作品角逐中获得金奖的设计是关于钟表的创意。钟表外圈刻度都是竖心旁字的右半边，而长长的分针头上有个精巧的竖心旁，每走到一处就拼成一字，这一天中要一轮一轮地走过时而“愉悦”、时而“惆怅”、时而“性情”、时而“忏悔”、时而“快”、时而“慢”的光阴。而钟表盘正中心是个“心”字，表盘内圈都是“心”部字的上半部分，时针是个连接线，每走一小时就连成一个上下结构的“心”部字，有时“意志”很强，有时“慈悲”很重，有时滞留于“思想”，有时沉浸于“感恩”。每个人每一天都拥有公平的二十四小时，但是那些私密的情绪染就了这些时光不同的调性。没有两片相同的树叶，没有两份相同的时光，谁能说清表面的不动声色里隐匿着多少惊心动魄的时刻？一瞬永恒。

达利的时光瘫软在他的白马边，中国人的心灵时光流动在汉字的刻度里，每个人的今生过得都不一样。

一位二十六岁的韩国姑娘给我们展示了她的巧思。一份打开的贺年卡，赫然只有“不念”二字，倘若打开的人愤然不屑地将它丢在一边，那么有个秘密就会被永远封存；倘若打开的人在错愕之外还存有感念，脑海里重温过往只需一二十秒，手心中的“不念”中“不”字的左半边就会因为掌心的温度隐隐浮现出一个淡粉色的竖心旁，越来越清晰，越来越确切，直到转成深深的艳红色，“不念”成为“怀念”。这个设计的题目就叫作“心有温度”。

第二届“汉字之美”活动启动依然在联合国教科文组织总部举行，这一次的主题是以宝盖头为偏旁的“家和万事兴”。对于家国一体的中国人来说，宝盖头下面有个“女”字就是安，一个好母亲就是满堂的门风；宝盖头里养个“豖”就是人畜和谐，小富即安成其为家；宝盖头里的人，如果口舌纷争，就成为“害”；宝盖头里望子成龙，太惯着孩子就成了“宠”……从“家室”到“宇宙”，中国人修齐治平这条路从宝盖头开始。

宝盖头的设计作品提交量有2600多件，美国团队、法国团队开始打造系列汉字作品，甚至延伸到了社交软件应用中。汉字这一幅幅观念的图画，以这样一种天真而美丽的形态，走到了跨越国界的对话中。

写这本书再版序言的过程中，2020年来了。

在20世纪五六十年代的科幻作品里，2020年是最多的被设定为故事发生的时间点。大概半个世纪的时光，充裕到足以实现所有社会理想和科技愿景，又不至于远到作家们在有生之年看不见。《银翼杀手》还有一个名字，叫作《2020》。

无论人类走过的历史多么悠久而残酷，但每一代人憧憬未来的时候，依然不免天真：2020 年，战争、苦难、烈性传染病应该可以消除了吧？美好一点的幻想总是容易得到原谅的。

然而，真实的 2020 年，刚刚过去六分之一，已经有不少人喊着要重启一遍。

中国过了一个不能拜年的春节，到了春风初度的时节，口罩依然没能摘掉，现实生活中没有 game over，没有时光可以重来。

脆弱和惶恐会让人变得谦卑。都市的嚣张和强势都安静下去，没了影院的贺岁片，没了酒楼的年夜饭，也没了商场大促销，平民百姓不可能一夕之间了解专业的病毒原理，更多的人选择了敬畏，安静地遵守规则，回归常识。

许许多多宅在家里的人开始练字，重新体会在键盘里已经迷失了那么多年的汉字的横平竖直，未尝不是一种仪式感的回归。我重新想起了《弟子规》里的教训："墨磨偏，心不端，字不敬，心先病。"中国的小孩子在红模子里一笔一画地体认"永"字八法的童蒙发轫又回来了。

我一直相信，文字并不仅仅是表情达意的载体，文字本身就是一种独立的意义。

汉字是握在中华民族掌心里的纹路，循着它的指事象形，可以触摸到所有观念由来的秘密；汉字也是笔尖下流淌的乡土，横平竖直皆风骨，撇捺飞扬即血脉。

愿 2020 年是一个回归常识的开始，愿我们爱写中国字，能懂中国心。

于丹

2020 年 3 月

目录

天人合一

中华民族走了几千年的历史，到了今天，我们能给自己加一横，让自己真正过得阔大一些吗？我们能给自己再加一横，让心接天地吗？天理昭昭，化育人格，多给自己一些对天地的敬畏，也就给了自己更多人格成长的理由。

天人合一

己亥初冬 管峻

春节是中国最重大的节日，是传统文化的重要象征。春节对中国百姓的重要意义，不言自明。中华民族自古以来就是以农耕为主的民族，春生夏长，秋收冬藏，时光在二十四节气[1]中流转。一年的时光走到了寒冷的冬天，是时候歇歇了，盘点下今年的收成，考虑下明年的耕作。当然，家家户户都会祭拜祖先、祭拜天地。在这个持续一个月的大节日里，聪慧的古人们发明了各种各样的仪式、庆典，让春节暖暖的年味儿滋润着每个人的心灵。

时光荏苒，到了现代社会，我们该以什么样的形式来存续文化、继承祖先呢？

我见过很多人痛心疾首，哀叹传统文化的凋败，为中华文明的未来担心。其实大可不必，文明的脉络仍然根植于我

1 二十四节气：中国古代订立的一种指导农事的补充历法，分别是立春、雨水、惊蛰、春分、清明、谷雨、立夏、小满、芒种、夏至、小暑、大暑、立秋、处暑、白露、秋分、寒露、霜降、立冬、小雪、大雪、冬至、小寒、大寒。

们的血脉之中，隐藏于当今生活的细节角落。可能很多人想不到，人人都会说、会写、会用的汉字，其实就是一个存续文化、继承祖先的绝佳载体。汉字是藏在我们这个民族掌心里的纹路，顺着它一点一点探寻回去，也许，我们就能够触摸到很多带着体温的观念。

什么是汉字呢？其实，我们中国人提起汉语，常用一个词叫“母语”。“母语”是一个特别有感情的词，因为母亲在我们的亲情文化中有着至高无上的地位。“每逢佳节倍思亲”，想家的时候，脑子里面第一个跳出来的人，就是自己的妈妈。母亲是什么人？就是不管孩子回不回来，都会一直倚门守望的那个人，就是那个“意恐迟迟归”（唐·孟郊《游子吟》[1]）的心，就是一直等着游子归来的那个温暖怀抱。母语也一样，我们“日用而不自知”，但不管你对它熟悉还是陌生，你对它是在变化着还是遵循着，它一直都会在那里守护着你。那么，静静地把心沉下来，顺着我们的母语汉字找回去，也许会找到好多让你意想不到的观念、智慧，找到许多人人都应自知的做人的态度、原则。

街坊邻里见面拉家常，常说孩子长得像爸爸还是像妈妈，有的时候我们用一个词，就是“惟妙惟肖”。惟妙惟肖的这个“肖”，常用的组合词有酷肖、肖像等。那么，这个“肖”

（肖）字的本义是什么呢？

在古文字中，我最早看到它本义的时候大吃一惊，因为这个象形字[1]就是一个带着血水的胎儿，刚刚生出来的，血水淋漓。这个胎儿从孕育的那一刻起，就带着家族的血缘、基因。《说文解字》[2]上讲："不似其先，故曰不肖也。"我们有时候说某个孩子没有继承祖辈的品德，或者做人做事没有继承家族的门风，就叫作"不肖子孙"。

从最早这样一种血缘继承、相貌相似的"肖"，后来又演变出了一些同音字，其中一个我们更熟悉，就是孝顺的"孝"（孝）。

1　东汉许慎在《说文解字》中对古文字构成规则的概括和归纳，定为"六书"："象形者，画成其物，随体诘诎，日月是也；指事者，视而可识，察而可见，上下是也；会意者，比类合谊，以见指捴，武信是也；形声者，以事为名，取譬相成，江河是也；转注者，建类一首，同意相受，考老是也；假借者，本无其字，依声托事，令长是也。"

2　《说文解字》，简称《说文》，是中国第一部按部首编排的字典，第一部系统地分析字形和考究字源的字书，东汉许慎著。

“孝”这个字是上下结构：上面的字头，我们今天叫作老字头，老、考、耄、耋等都是这个字头；下面就是一个孩子的“子”。大家可以看一看，从甲骨文到金文、小篆，这个字都是一个小孩子背上驮着头发萧疏的老人，或者是用手搀扶着老人。百善孝为先，什么是中国人的孝呢？就是一个孩子愿意用自己的行动扶持自己的长辈，让老人既能安身又能安心。

过年时一家人吃团圆饭，都是晚辈们先给长辈敬酒，祝老人健康长寿。那么，中国人说长寿这件事，好多都是从拆字上来的。八十八叫作“米寿”，大米的这个“米”字拆开，就是八十八。九十九叫“白寿”，因为九十九离一百就差一岁了，把“百”字上面的一横拿掉，就是白色的“白”，所以叫作白寿。人生七十古来稀，如果家里的老人家硬硬朗朗地活到了一百岁，这是一家人的福报和荣耀，更说明了晚辈子孙的孝顺和对老人的照顾，乡里乡亲提起来都要竖大拇指的。人活到一百零八岁叫作“茶寿”。“茶”字的草字头，大家会把它看作“二十”，中间的“人”字拆成一个“八”，下面的“木”字又是一个“八十”，所以，二十加八再加八十，正好就是一百零八。

简简单单一个“孝”字、一个“寿”字，这里面就蕴藏着无穷的学问和道理。这也是中国方块字的独特魅力，它值得我们每一个中国人去细心体悟。

我上大学的时候，北师大中文系的王宁教授给我们讲过“贫穷”这个词。今天我们说一个人穷、没钱，其实在过去是“贫”的意思，而“穷”的本义是指一个人穷途末路、无处可逃。为什么呢？至今我还清楚地记得，王老师当时说，“贫”字上面一个“分”，下面一个“贝”，“贝”是象征钱财的。现在大家说财富，财富的“财”字还是贝字旁。那么，一分钱掰成两半花，这就是分贝为贫（）。那什么是穷（）？我还记得王老师在黑板上画了一个洞穴，里面有一个人弓着身子，直不起腰来，可不就是穷途末路之人？你看看“贫穷”这两个字的字形，就自然而然记住了它的字义。所以，中国的字里是有观念的。

再来看一个更为熟悉的字，道理的“道”，里面一个“首”，外面一个走之旁。一个人站在路口，要靠头脑的判断来决定走哪条道路。在现代生活中，虽然有飞机、高铁等迅捷的交通工具了，各种道路四通八达，但不一定就能走对路，因为往哪儿走还是由人的脑袋决定的。

有时候，我们批评一个人懒惰，会说这人可真懒，这人惰性太大。其实，谁都不愿意做个懒惰的人，但谁都有犯懒的时候：我今天懒得动啊，我身上没劲儿啊，我就懒得去啊……真的是手懒脚懒吗？中国的造字，“懒”和“惰”都是竖心旁，所以，懒惰的秘密是在人的心里。

通过这几个字，你能说其背后没有中国人的观念吗？所以，我们不妨顺着中国人掌心里面藏着的这些纹路，去触摸一下历史，去感受文明在汉字演变上的体现。我不是专业的文字研究者，对于文字只是热爱，只是使用，对于汉字的认知可能会有很多误区、偏颇，但是，我从学生时代起就在琢磨，中国人在文字中是如何走到今天的。毕业之后，我成家立业，做了妈妈，做了老师，无论是跟我的孩子还是学生交流时，都常常会从某一个字聊起，会恍然悟到某一个道理。在这部书中，也许会有不准确的地方，但我还是愿意把这些所感跟朋友们分享，唤起大家对汉字的兴趣。当我们的心顺着汉字的轨迹回到远古时代，其中的乐趣，相信你能够体会到。

那么，我们就从当初说起。一元初始，万象更新，“一”（ 一 ）是最简单的汉字，就是横卧在那里的一横，其中却有着无穷的韵味。《说文解字》上说：“惟初太始，道立于一，造分天地，化成万物。”大道生于一，天地也分于一，按中国人的观念，“道生一，一生二，二生三，三生万物，万物负阴而抱阳，冲气以为和”。什么是“一”呢？“一”也许就是最早那个懵懂的无极，而从中分出的“二”就是阴阳，分出的“三”就是天、地、人这三才。

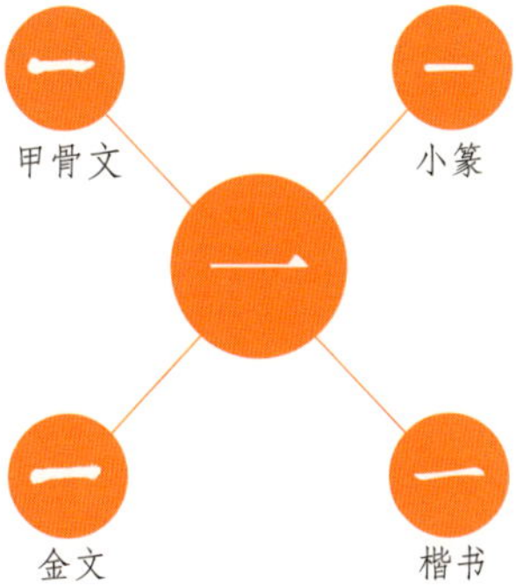

“一”对人来讲，就像我们的春节，在大年初一这一天，新的一年正式开始了。“天人合一”这个观念，也是从远古时期就确立于中国人心中的。《老子》[1]第三十九章说过：“昔之得一者：天得一以清，地得一以宁，神得一以灵，谷得一以盈，万物得一以生，侯王得一以为天下正。”最后这一句

1 《老子》，又称《道德经》，春秋时期的老子（李耳）所作，是中国历史上首部完整的哲学著作，是道家思想的重要来源，被奉为道教最高经典。

有不同的版本，也会说“侯王得一以为天下贞”，无论是“贞”还是“正”，其实都是当一个标杆讲。

苍天因为有了“一”，才有了天清气朗，我们都希望能够有朗朗的晴天。大地上有万物生长，当它统一的时候，才是和谐安宁的。万物都是得了这个“一”才能够生长，连人间的谷物，都是得了“一”才能丰盈。人间的政治得了这个“一”，才有了一个正的标杆。那么，这一切“一”，大概就是我们说的万物初始，我们所归的“一”，也是《老子》第四十二章里面所说的那个从道中生的一，一里生的二，再生三，三生万物。

那么，天和人又是怎么归的“一”呢？我们常常说，一个有品德的人，他的内心里一定有着恒定的标准。一个男人在这个世界上行走，一定清晰地知道什么是“有所不为”，然后才能知道什么是“有所为”，最后才有可能建功立业，成为顶天立地的大丈夫。

“人者，天地之心”，这是《礼记·礼运》[1]里面的话。

---

1 《礼记》是中国古代一部重要的有关典章制度的书，是一部儒家思想的资料汇编。西汉戴圣对秦汉以前各种礼仪著作加以辑录、编纂而成，共四十九篇。《礼运》是《礼记》中的一篇，是后世儒家学者托名孔子答问的著作。郑玄注称：“名曰《礼运》者，以其记五帝、三王相变易，阴阳转旋之道。”

一个有品德的人，他的内心里一定有着恒定的标准。

——于丹心语

那么，《说文解字》里怎么来说这个“人”字呢？我们看人字最早的字形（  ），《说文解字》中说它“象臂胫之形”，像一个人的胳膊和腿的形状，就是这么两块。为什么是这样一个字形呢？大家知道，人类是在进化的过程中学会直立行走的，这个“人”字表示手脚已经有分工了，站起来了。所以《说文解字》上说：“人，天地之性最贵者也。”段玉裁在《说文解字注》中说，“性古文以为生字”，也就是说，人就是天地万物生灵中最最宝贵的。

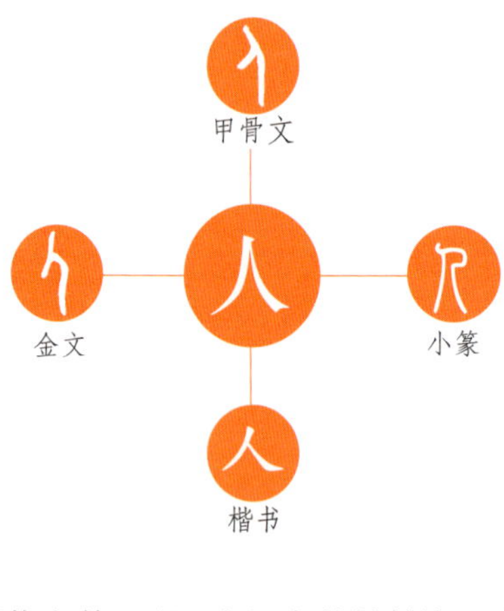

人作为万物之尊，跟天之间有独特的沟通密码吗？“人”字就这两画，给它加一横就是“大”（  ），“大”再加一横就是“天”（  ）。《说文解字》里解释这个天，说：“天，

颠也。”“颠”其实就是头，“至高无上，从一大”。“天”的字形，今天来看，就是一个脑袋大大的人。“天”和“人”在原初的字形上没有太多的区别，无非就是“天”顶着一个大大的头脑。天上有天理，中国人遇到不公平的事情，觉得自己疾苦劳累的时候，经常说：“哎哟，我的天哪！”中国人喊的“天”里面包含着三层意思：第一，中国人是顺从“天时”的，以春夏秋冬的更替作为生活的秩序；第二，中国人也是信“天命”的，常常说一件事“得之我幸，不得我命”，在努力的时候还会安慰自己说“谋事在人，成事在天”；第三，中国人认为是有“天道”的，“天理昭昭，报应不爽”，“人在做，天在看”。天时、天命、天道，合在一起的这片天里，唤醒的就是人的天良。

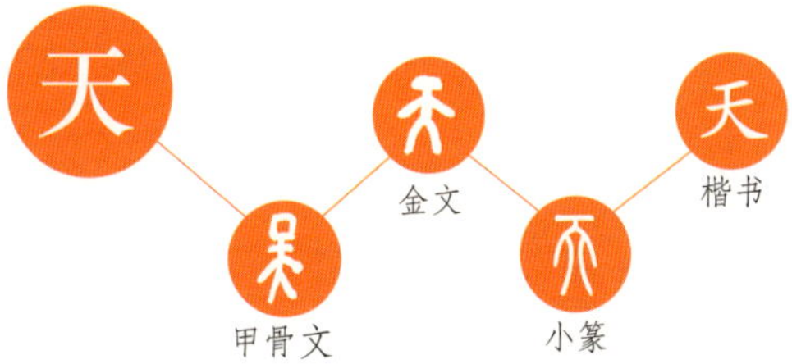

今日中国，正处在城镇化的进程中，越来越多的人正在远离土地，但是，我们不能失去农耕民族的伦理信仰。由天

理而至天良，这份天人合一[1]，从来都是中国人信守的基本底线。在古汉字中，天跟人是同构的，而我们的一些古语，也是天人同构的。

过去形容一个人的面相好，会说其长得“天庭饱满，地阁方圆”，形容这个人额头宽阔、下巴结实，头上有整个的天地。为什么我们老说天地人是同构的，是同一的？因为人是顶天而立地的。人头顶上的大穴叫百会，它是诸阳之会，是接天的。肚脐旁边二寸有一个大穴叫天枢，也是让人能够接天的。我对中医是外行，但我听过很多中医大家讲身体和天地之间的关系。有一位老中医跟我说过：“中医中医，不是中国之医，而是中庸之医。”也就是说，中医最基本的道理，跟中国的哲学是相通的，讲的是整体平衡，不是头痛就要医头、脚痛就要医脚，而是把整个人体看作天地之间的一个循环。从身体的健康到心灵的健康，最后都会在汉字上找到它的渊源和演变。

大家都知道，“三”在中国也是一个大数，因为我们讲

1　“天人合一”，中国古典哲学的根本观念、基本精神，儒释道均有所阐述，最早起源于春秋战国时期，汉朝董仲舒引申为天人感应之说，程朱理学引申为天理之说。

天地人是“三才”。“才”（）字甲骨文（）的这个样子多可爱啊！它的字义就是“草木之初也”，像草木刚刚发芽的样子。“才”字要是加上木字旁，就是木材的“材”，著名语言学家王力先生在《同源字典》[1]里说：“木有用叫作材，物有用叫作财，人有用叫作才。故材、财、才三字同源。”也就是说，木材、财宝、人才，这三个 cái 字取自同一个词根，由此才叫天地人三才。

那么，人跟天地之间怎么能相通成一个才呢？中国最早的造物神话《三五历纪》[2]上说：“天地混沌如鸡子。盘古生其中，万八千岁，天地开辟。阳清为天，阴浊为地。盘古在其中，一日九变。”最初的天地混沌如鸡子，有个小人在里面，就是盘古。盘古是以什么方式撑开天地的呢？他用了一万八千年的岁月，而且一日九变，慢慢地在其中变化变化，变化了一万八千年。这是一次渐变的过程，这是悠久而从容的生命成长。

---

1 《同源字典》，研究汉语同源字、同源词的专门著作。全书五十七万字，收古代同源字三千多个，按上古音二十九韵部顺序排列。主编王力，中国语言学家、教育家、翻译家、中国现代语言学奠基人之一。

2 《三五历纪》，三国时代吴国人徐整所著，内容皆论三皇以来之事，为最早完整记载盘古开天传说的一部著作，此书已佚。

当一个人用自己的身量分开天地，那么他的人格就是顶天立地。

——于丹心语

中国人不崇尚突变，而是在渐变中从不停息，盘古最终“神于天，圣于地。天日高一丈，地日厚一丈，盘古日长一丈，如此万八千岁。天数极高，地数极深，盘古极长，后乃有三皇”。我们注意到，这里面讲盘古的人格叫作“神于天，圣于地”，当一个人用自己的身量分开天地，那么他的人格就是顶天立地。

他的头顶要接天，那就是神。“神”字是什么啊？我们来看看“神”（）字，左边的示字旁，上面的横代表天，下面三竖其实就是日月星，这是告神明、祖先的一个“礻”。右边的“申”字，大家可以看一看金文（），“申”这个字形像幅画吧，小篆（）字形也是如此。说白了，过去的这个“神”字，就是天空中唰唰放电的样子。即使到了今天，科学技术早已经告诉了我们闪电的原理，但我们看见天上打雷放电，还是会觉得有神明显灵了。“神于天”，其实就是要接天、顺应天，但是“圣于地”是人的修为。如果说，“神于天”唤醒的是原始蒙昧时期人们心中对于超自然现象的敬畏，那么从原始初民时代开始，圣贤就是一种人格的修为。

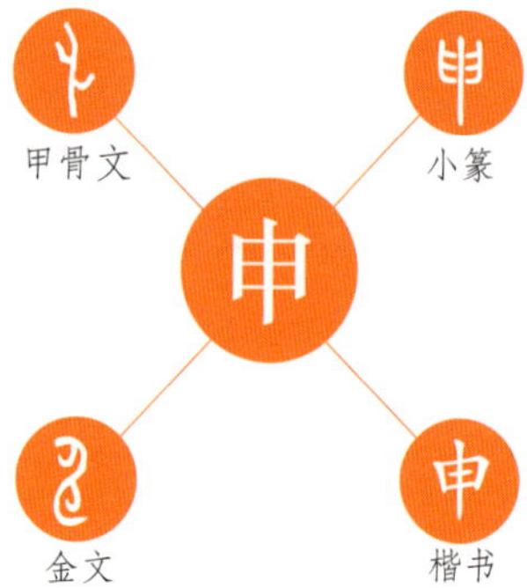

“圣于地”这个境界，为什么我们都能学得了呢？圣人的“圣”字，繁体字是“聖”，左上方是个耳朵的“耳”，右上方是个说话的“口”，下面是个“王”，其实可以这样理解，一个人耳聪目明、通晓道理，还能清楚准确地表达出来，就能称作圣人。甲骨文的“圣”（ ）字也像一幅画一样，善用耳朵善用口，能够听明白，再能说清楚。演变到小篆（ ）的时候，才接近了繁体字的样子。就这样的一个字形，可以引申为人格高尚、睿智，这样的人不就是圣人吗？所以我们说神圣、圣洁，其实都是从人间的修为来的。

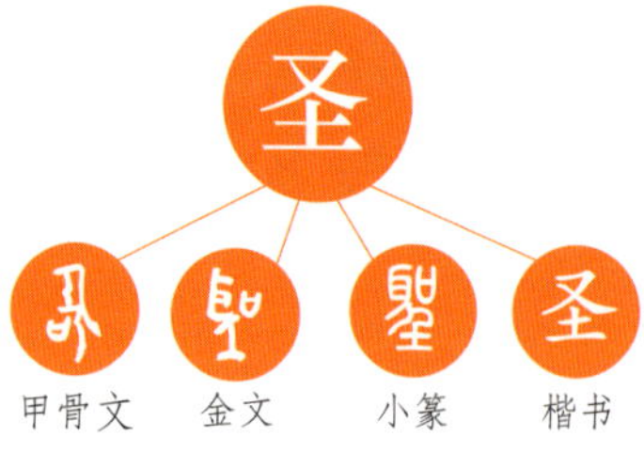

什么是圣人？《孟子·离娄上》[1]里面说得特别简单："圣人，人伦之至也。"也就是说，能够把人间的事情、伦理关系都做到非常卓越优秀的人，他就已经修身为圣了。"古圣先贤"这个词，第一，我们觉得太遥远了，无论从时间上，还是从人格的高度上，都遥不可及；第二，我们甚至会觉得有一点迂腐、迂阔，觉得他们所遵循的那些教条早已经过时了。其实，圣人也是变化的，圣人随着时代的要求不断地调整着自己的修为。

内圣外王，天人合一，从来都是中国人历朝历代遵循的人格理想。不见得只有做官的人才这么去想，过去的老百姓也都从心里敬重圣贤。过去，好多农村都有乡绅，他们就是这个村村民眼里的圣人。相信很多人都看过著名作家陈忠实的长篇小说《白鹿原》。无论原著小说，还是后来的同名电影，你看看白鹿原上白姓、鹿姓两家人，他们守着的其实就是中国人的伦理规矩。尽管受到时代的冲击，尽管子孙中也有对传统的叛离，但人的那点准则，就是天人合一这个观念的表现。

1 《孟子》，先秦儒家经典，是记录孟子及其弟子言行的著作。《离娄》涉及政治、历史、教育和个人立身处世等诸多方面。

《礼记·郊特牲》[1]中说："地载万物，天垂象，取财于地，取法于天，是以尊天而亲地也。"大地承载着万世万物生长，苍天会有不同星象的生灵跟它对应，所以人的生活方式是"取财于地，取法于天"。也就是说，人从大地上取得财物、财宝，世世代代，大地都在供养着炎黄子孙。但人不能坐吃山空，不能贪婪到以毁灭式的攫取来牺牲未来，所以制约我们"取财于地"的，还有个法则，叫"取法于天"。苍天的法则对应着大地，人要顺应这个法则去有节制地开发，用今天的说法就叫可持续发展。其实中国人最早就有这样的观念，所以"尊天而亲地也"，能够对天有敬畏，对大地有亲近，这不就是天地和人之间的关系吗？

人怎样为"大"，怎么样接天，怎么样亲地，这三者之间的关系，就在这简简单单的中国字里看得清清楚楚。前面讲到，"人"字加一横就是"大"，我们都希望人格能够大、事业能够大、生命格局能够大，但什么是大？《说文解字》里说："大，天大，地大，人亦大，故大象人形。""大"（）字就像一个人四肢伸展开，站在大地上，所以清代语言学家段玉裁曾经说，这个"大"就像人形，手足俱全，有

1　《郊特牲》，《礼记》中的一篇，记载古代祭天仪式，因为使用牛，故而称为特牲。

头有手有脚，顶天立地。

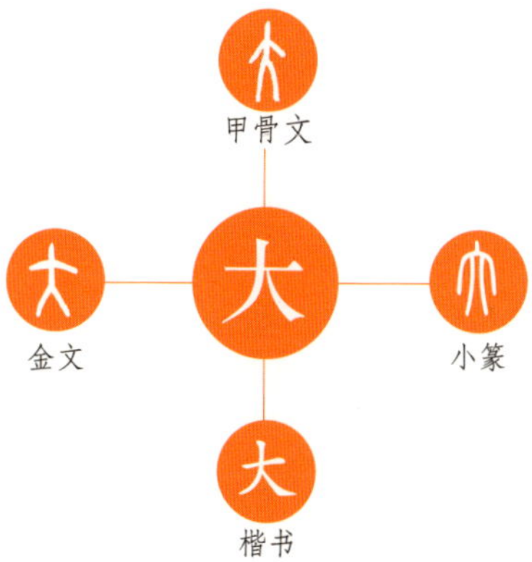

那么《说文解字》里面解释的这个“天大、地大、人大”来自哪儿呢？来自《老子》第二十五章，老子说：“故道大，天大，地大，人亦大。域中有四大，而人居其一焉。”也就是说，在这个世间，人不算是最大的，真想把自己养大，那就要信大地、苍天，信天地之间的法则。由此推导出来的，就是大家都知道的那个道理，“人法地，地法天，天法道，道法自然”。

这个道理，农民自然是懂得的，因为农民在一年四季中，肯定要以大地为法则。比如说，为什么春节是在寒冷的冬天？因为到了这个白雪皑皑的时节，北方的农耕民族就该休耕了，每年进了冬至就开始数九：

一九二九不出手，

三九四九冰上走，

五九六九看杨柳，

七九河开，八九燕来，

九九加一九，耕牛遍地走。

九九八十一天，整个冬天的变化就显示在这首数九歌中。“五九六九看杨柳”之前，人们都在家里猫冬，要等到“七九河开，八九燕来”了，大家才开始准备春耕。“九九加一九，耕牛遍地走”，耕牛不走，人也是不走的。在寒冷的冬天，人们有了大把的时光，闲下来算一算秋收的粮食，够吃够喝，很富足了，余粮用来酿酒。所以，无论是祭拜天地还是人间欢庆，有了闲暇的时光，仓里有了粮食，当然就过年了。这不就是人跟大地自然的关系吗？

但是在今天的都市生活中，四季更替似乎对我们的影响越来越小了。我们的办公室、家里，冷了有暖气，热了开空调，白天有阳光，夜晚有灯光，不分昼夜，“人法地”在今天反而不那么明显了。现在很多家庭都养小狗，小狗冬天时会穿着漂亮的毛衣或者棉坎肩。其实这些小动物自身的皮毛是能够御寒的，给它们增加御寒的衣物，反而是过犹不及了。很多很多的状况表明，我们离“人法地”的自然界法则越来越远了。

什么才是文明的进步呢？我常常想起这个“大”字，当一个人可以顶天立地、接天接地，他可能就真的有了底气。当然，“大”加一横，如果人字不出头，那就是“天”，人字出了头就是“夫”（）。“夫”头上的这一横，表示的是成年男子别的簪子，别上了簪子就代表成人了。过去的男孩子是有成年礼的，男子“二十而冠”，冠而列丈夫，到了这个年龄，身上就有责任、有承诺了。

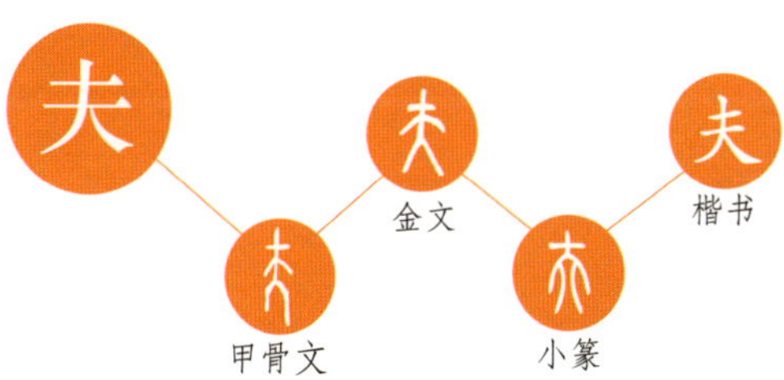

所以我们看站立的“立”（）字，就是人立于地，能够稳稳地站在大地上，下面这一横象征的就是地。什么叫作立于地呢？生命长大了，参加过成人礼了，在大地上立稳了，

一个人不仅要外立其身，还要内立其心，才能够在大地上立稳。

——于丹心语

就像《礼记·曲礼上》[1]里面说的“立必正方”，一个人要立得方方正正。

我们再来看看从立这个部首的字，比如说端正的“端”（）。《说文解字》上说：“端，直也，从立。”我们常常说某个人为人正直、行为端正。好多方言里面还保持着这个说法，比如说陕西人告诉别人往正直走，还会说“端走”，就是走得直直的、正正的。从端正的“正”字，从顶天立地的“立”字，我们就能够理解，为什么孔子说“二十而冠，三十而立”了。有些人可能不理解，二十岁就已经成人了，为什么还得再过十年才能“立”？因为一个人不仅要外立其身，还要内立其心，才能够在大地上立稳。要想立住，并不是那么容易的事。

1 《曲礼上》，《礼记》中的一篇，讨论具体细小的礼仪规范。

很多汉字，在古文字里都是很像人的动作的象形字。比如说交叉的“交”（）字，我们来看这个字的字形[1]，不就是一个人盘腿坐着吗？双脚交于前，交叉双腿，这个样子就叫作“交”，人跟人之间有交叉就叫交往，人的语言观念有交叉就叫交流，道路上有交叉就叫交通，国家与国家之间的交流叫外交关系。这个“交”一定都是相互的，都来自人的行为。

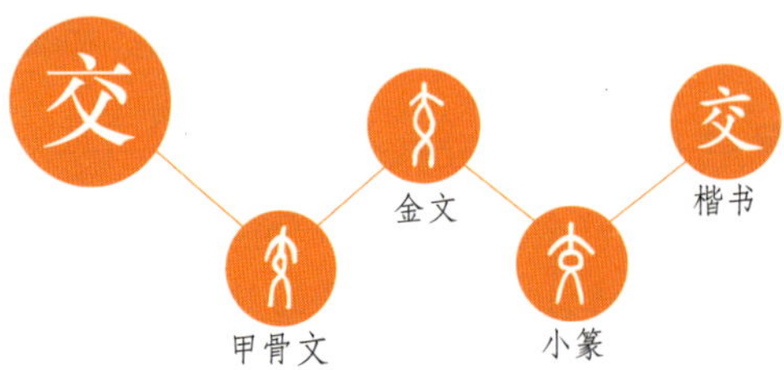

1　“交”字字形变化：骨刻文（）—甲骨文（）—金文（）—小篆（）—隶书（交）。

再比如说夹子的“夹”、夹道的“夹”（），这个字形更形象，就是两个小人在夹附中间一个大人，其本义为辅佐、辅助。中国老话说，一个好汉还要三个帮，两边的小人都在帮一个大人的时候，这个人才能够成事。

那么人多了以后，就是大众的“众”，简化字写出来是三人成“众”，但繁体字是“眾”（），上面是一只横着的大眼睛，也就是说，人多了就会有不同的想法、不同的行为，所以就要监督着。这个字的本义，是监督一些体力劳动者，甚至是一些奴隶干活，但是引申出来就是三人为众，大家心不能往一起想，劲儿不能往一处使的时候，就需要监督和管理。

那么，两个人之间可以有什么样的关系呢？最早的两人关系是“并”，“并”这个字的甲骨文（）就是两个人齐齐地在一起，行为是一样的，心也是一样的。我们有的时候用并蒂莲来形容恩爱的夫妻，还有“在天愿作比翼鸟，在地愿为连理枝”，其实都是“并”的意思。

那么两个人一前一后，前面一个人，后面一个人，这种状态就是跟从、随从的“从”（）。荀子曰：“从道不从君，从义不从父。”人跟从什么呢？用俗话讲叫“从善如流”，

人要跟从的是道义，而不一定是哪个人。自从有了博客、微博、微信之后，我们的生活每天都被海量的信息所充斥。网上有那么多观点，每天人都在微信、微博里跟别人分享着，但你赞同什么观点、跟从什么理念，那是需要判别的。其实，“从”字在繁体字里加上了双立人，“從”表示人的行为。所以，孔子说：“其身正，不令而行；其身不正，虽令不从。”[1]一个领导者，一个做官的人，自己身正，他就不用下命令，大家都心服口服，会默默地跟着他。这里用的就是“从”的本义，自愿跟从、跟随。

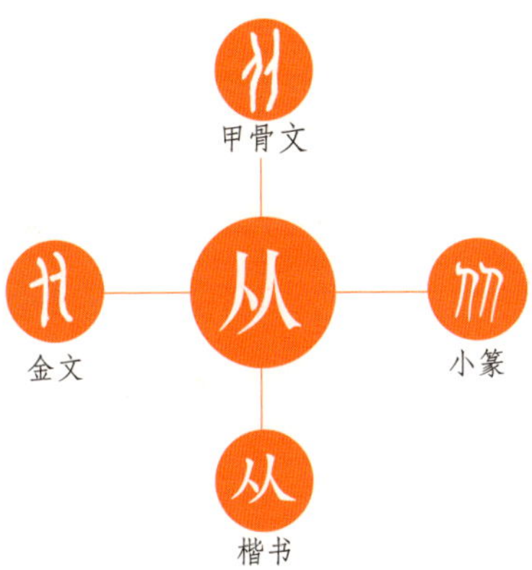

1 出自《论语·子路》。《论语》，是记录孔子及其弟子言行的著作，是先秦儒家经典之一，与《大学》《中庸》《孟子》合称“四书”。

这两个小人还可以形成“比”（）。“比，密也。”两个人前后相靠，靠近而行，这就是“比”。“比”字的这两个小人写得特别整齐，天涯若比邻，就是说这两个人离得很近很近。但是，这个“比”字后来也衍生出了一个不好的概念，就是攀比。有的人说，为什么好多人都不幸福？就是攀比心在作祟，看你跟谁比。如果你永远都跟那些你比不了的人去比，总有好多痴心妄想，那你就不会珍惜眼下的日子，更感受不到幸福。如果你跟自己的过去比，看到自己的进步，看到生活得越来越好，你就越来越知足了，一知足就有“乐”了。所以，攀比这件事，要看你怎么比，不见得非要跟人去比，比出嫉妒来，比出纷争来，关键是要让心平和下来。

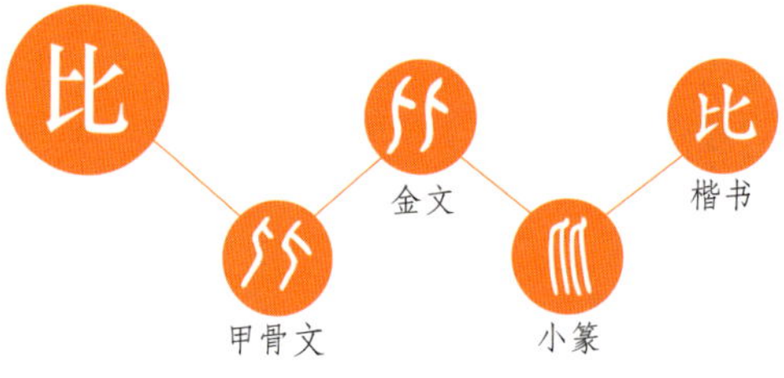

“并”“从”“比”，从简化汉字也能看得出来是两个人形，但有些字因为字体的演变，你可能想不到它也是两个人形，

比如说文化的“化”字。我们来看“化”字的金文字形（），就是一正一反的两个人。人一正一反，代表着变化，所以“化”就是一种表面上看起来可能不露痕迹，但内在已经在深刻更改的过程。我们常用一个词叫“化学反应”，就是指内在的元素之间的深刻变化。

“化”字最常用的词组叫“文化”，文化文化，“关乎人文，以化成天下”，它要的就是个“文而化之”，能够化育到人心里，才算是化合到位了。所以庄子曾经说，做人要做到“外化内不化”。一个人外在的行为要尽可能地融合于世道，融合于规矩，融合于默契，这叫“外化”。比如说过年过节时，大家都要串串亲戚，互相问候，有些清高的人就觉得太麻烦了，不愿意跟随这样的习俗。其实，随个喜，送上几句关怀祝福，

一个人外在的行为要尽可能地融合于世道，融合于规矩，融合于默契，这叫『外化』。

——于丹心语

大家都有这么一点牵挂，也没什么不好。这就是一种外化。什么叫“内不化”？就是说外在的“化”并不妨碍你坚守自我的准则，有所化，有所不化。

当两个人背对背的时候，各向一方，这个字就是南北的“北”（）。这个字后来也衍生出后背的“背”（），两个人背靠背。大家知道，我们身体的很多部位，比如胳膊、腿、胸、膛、胃、肾，都是从这个“背”字的肉月旁的。所以，“北”字明确地加上了肉月旁，就变成了后背的“背”。

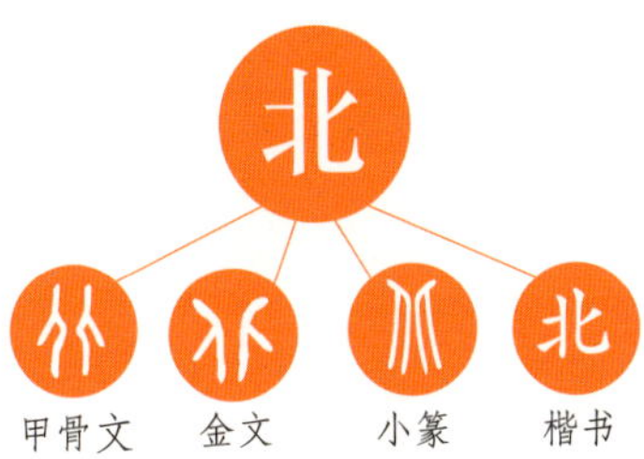

两个人相背，为什么引申为一个方向，叫作“北”呢？这跟我们国家的地理位置有关，看看我们国家的版图，西伯利亚的大风是从北边来的，蒙古高原的风沙也是从北边来的，所以中国的民居都是坐北朝南，背后那个方向就是北，朝着南就是朝阳。正因为北边有好多外族，有很多寒冷的大风，所以打了败仗叫作“败北”。而“北”的本义，就是两个人后背相靠。

两个人之间的关系，更有伦理深意的是儒家讲究的“仁”字，单立人加一个“二”。孔子对“仁”字的解释很简单，“仁者爱人”。《说文解字》上说：“仁，亲也。”对人亲和、友爱，这个“亲”“爱”，就是“仁”（）。老百姓解这个字解得更通俗，就叫作“二人从仁”，因为这个字本来就是从人从二的。说白了，什么是真正的友爱、真正的仁慈？至少有两个人时，你才能看出他对别人好不好。也许不是每个人都有能力仁爱天下，我们能做的无非就是举手之劳，眼前这个人，身边这点事。你愿意用心去干，效果好坏姑且不论，关键是要有“勿因善小而不为”的自觉。你如果天天都能这么想，一辈子做下来，你就是一个仁爱之人了。

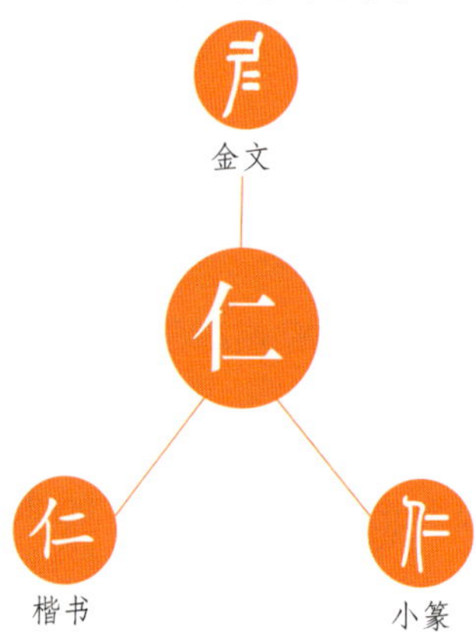

所以，两个人之间的关系可不是小事。在一个家庭内部，父子之间、母女之间、夫妻之间、兄弟姐妹之间，都是两人关系；在外边，街坊邻居、同学朋友、上级下级，还有平级的同事，甚至在大街上萍水相逢的陌生人，也是两人关系。我们这辈子打交道最多的都是两人关系，值得我们用一辈子去看清。二人从仁，也许从几个简单的汉字里，我们就找到了正确对待他人的生活智慧。

再来看看以单立人为偏旁部首的字。比如仕途的“仕”，今天有很多人志在仕途，这是一个大家永恒关注的话题。我们总觉得孔子“学而优则仕”这句话不太好，人读书上学，难道就为了做官吗？但是你别忘了，他还有半句，叫作“仕而优则学”，官要想做得好，就得不断地学习。《说文解字》中说：“仕，学也，从人从士。”“仕”（）这个字本身的意思，就是要学习。徐灏在《说文解字注笺》[1]里面说过，仕宦就是学习之意。能够学习做官，这个人才真正当得了官。可别以为一个官职当上去就稳当了，干哪一行都得不断地学

1　《说文解字注笺》，清代学者徐灏著。此书是对段玉裁《说文解字注》的进一步注释。依《说文解字》体例，广征博引，逐条注、笺，校正脱讹，阐明《说文解字》的详解及其原委，是清代《说文解字》研究的力作。

习，何况是在竞争如此激烈的当今社会。书本里教的，学校里教的，都是些知识，绝不是智慧，而且没有任何一本教科书是教人怎么做官的。仕途是个什么行当？就是每一天都得不断学习的行当，才叫作“入仕”，这就是它的本义。

我们再来看看伦理的“伦”（），从人。《说文解字》上说：“伦，辈也，从人仑声，一曰道也。”伦理伦理，其实就是道理。段玉裁在注这个“伦”字时说，人讲的这个话，“粗言之曰道，精言之曰理”，道和理都在言语之中，“凡注家训伦为理者，皆与训道者无二”，所以伦理跟道理是同源的。这个话大有深意，它讲出了我们民族的历史传统。古代的农村都有宗庙祠堂，小孩子最初学习的是伦理功课，叫作“入则孝，出则悌”。人学会了伦理关系，再去面对社会大众，“谨而信，泛爱众，而亲仁”。其实，人真正想要学的是什么道理呢？就是在家庭宗庙祠堂之中找到的伦理依据，在最初的蒙学中读到的做人标准。

《礼记·中庸》[1]里面说过这样一句话：“今天下，车同轨，书同文，行同伦。”车同轨、书同文这件事，我们在历

1 《中庸》，原是《小戴礼记》中的一篇，为子思所作。“中庸之道”，讲求表现自己内心的真实想法，不偏倚，不欺瞒，是儒家的重要理念之一。

史课本里都学到过，秦始皇在公元前221年统一中国，丞相李斯就做了车同轨、书同文这件事。但是《中庸》还讲了三个字，叫作“行同伦”。孔颖达在编纂《五经正义》时，就专门注释说：“伦，道也。言人所行之行，皆同道理。”人的行为合乎伦理，也就合乎了道理。在今天的都市生活里，大多数都是三口之家的小家庭，父亲、母亲带一个独生子女，这形成了一个一个小单元里的基本家庭格局。我们越来越少看见四世同堂的大家庭生活了，甚至也很少看见大杂院生活了。当人封闭的生活圈越来越小，我们最初那个“行同伦”的道理还在吗？看一看这个“伦”的本义，以及所有的注释，也许我们只有在传统节日中还能够回得去。

还有一个单立人的字值得一说，就是风俗的“俗”（）。《说文解字》上说：“俗，习也，从人谷声。”段玉裁在《说文解字注》中注释说：“习者，数飞也。引申之凡相效谓之习。”所谓“习”，其实就是小鸟一次一次地学着飞。“习”字的繁体字为“習”，上面是个羽毛的“羽”，飞上去掉下来，飞不高没关系，再飞起来再掉下来没关系，一次一次地练，翅膀不就硬了吗？翅膀硬了不就能够飞起来了吗？

“学而时习之”，老师教的道理，你知道了这叫“学”，但是没有一次一次地练，没有温习，没有复习，在听新功课之前没有预习，没有这个“时习之”的话，学到的知识是不扎实的。所以，“俗”其实就是人跟人之间反反复复的习染。

《史记》[1]中有一成语“移风易俗”。什么叫移风易俗？其实，风俗风俗，就如同张守节在《史记正义》里面说的那样，“上行谓之风，下习谓之俗”，要有风行其上，还要有民间不断的习染，经过了一段时间，才叫“约定俗成”。民风民俗都是从历史长河中沉淀下来的，形成一种习俗需要很长的时间，但是它的坍塌有可能很快，再修复它又会很难很难。两千年建立起来的习俗，二十年就可能荡然无存。

今天，我们在移风易俗地建立着新风气，但是在中国的农耕文明里，还有很多优秀的伦理风俗需要保留下来。不妨看看两个意思相反的单立人旁的汉字，一个是节俭的“俭”（），一个是奢侈的“侈”（），这两个字都是讲人

1　《史记》，司马迁撰，是中国第一部纪传体通史，是二十四史书之首，分本纪、表、书、世家、列传五部分，“究天人之际，通古今之变，成一家之言”，记载了中国从传说中的黄帝到汉武帝长达三千余年间的历史。

的行为。《左传·庄公二十四年》[1] 里把这两个字放在一起说，“俭，德之共也；侈，恶之大也”。这句话很好理解，勤俭节约是大家的道德共识，而奢侈浪费是很大很大的恶行。外在的物质是相同的，但怎么过日子，每个人有不同的态度，日子过得好坏，不完全取决于你拥有得多与少，而在于你是大手大脚地把很多东西浪费了，还是能够勤俭持家，把有限的资源给用好了。一个“俭”，一个“侈”，都是单立人旁，但一个是德，一个是恶。有时候，心中的观念就决定了眼前的生活。

再来说一个特别亲切的字，保护的“保”（），也是单立人旁。“保”这个字的甲骨文字形（），就像一个大人后面背着一个孩子。在过去，孩子们都是在大人的背上长大的。人能背着一个孩子，其实就是一种保育，就是一种保护。那么，我们今天能保住什么呢？从保护自己的家，到保护很多的资源，保护自己的名声，还有保护自己的未来，至于能不能保得住，先要看这个人是不是能够顶天立地，能够背负得起来。

1 《左传》，亦称《春秋左氏传》，旧传春秋时左丘明所撰，是中国第一部叙事详细的编年体历史著作，为“十三经”之一。与《春秋公羊传》《春秋穀梁传》合称“春秋三传”。

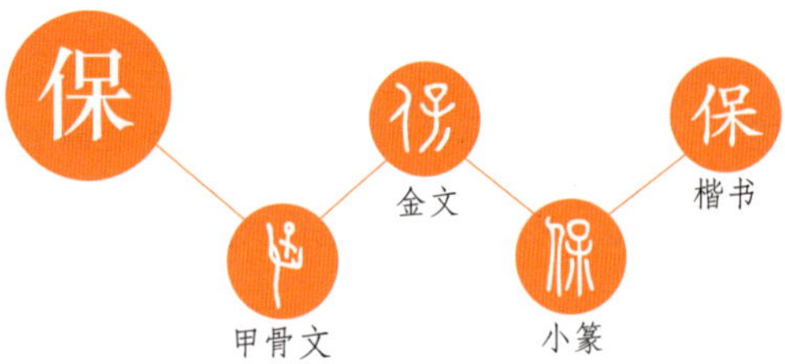

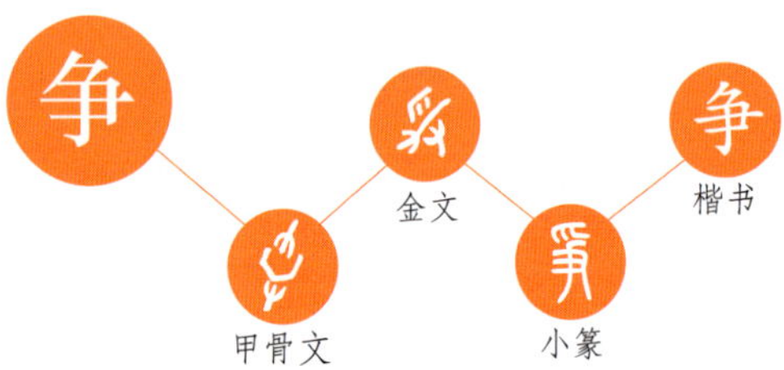

前面说了好多个字，都是从两人关系里出来的，“并”“从”“比”“背”“仁”等。两人关系好的话，那多亲多爱多仁慈啊！可是两人关系要是不好的话，也有好多字来表现，比如说斗争的“争”。“争”字的甲骨文字形（），就像两只手在撕扯一个东西，金文字形（），这个撕扯就更清晰了。一直到小篆（），这个“争”字就定型了。《说文解字》上说：“争，引也。”也就是撕扯。什么叫争斗？就是说，两只手非要把一个东西给扯碎了，即使不能保全它，两个人也都非要争到手里。《老子》第八十一章说：“天之道，利而不害；圣人之道，为而不争。”圣人就是在自己眼

人真的是害怕别人不了解自己吗？一个人最大的担心是自己的无能，所以做人是要争，但不是去跟别人争，而是争一争自己的志气。

——于丹心语

前的位置上有所作为、发愤图强，不会抓着一个东西不撒手，跟他人纷争不已。

常跟“争”连在一起用的是“斗”。“斗”字的甲骨文字形（），就是两个人在打架。跟“争”连用的另外一个字是竞争的“竞”，从甲骨文()到金文()到小篆()，这个“竞”都是两个头上插标的奴隶在搏斗。所以，竞争的“竞”，跟兢兢业业的“兢”是同源的，就是两个人在一起搏斗。从两只手的“争”，到两个人打架的“斗”，再到两个奴隶搏斗的“竞”，“争”“斗”“竞”说的也都是两人关系。

当然，今天我们身处竞争的时代，可真正的竞争是凭自己的能力，就如同孔子说：“人不知而不愠，不亦君子乎？”人真的是害怕别人不了解自己吗？一个人最大的担心是自己的无能，所以做人是要争，但不是去跟别人争，而是争一争自己的志气。

回到“天人合一”这个主题，回到一撇一捺这个“人”字，中华民族走了几千年的历史，到了今天，我们能给自己加一横，让自己真正过得阔大一些吗？我们能给自己再加一横，让心接天地吗？天理昭昭，化育人格，多给自己一些对天地的敬畏，也就给了自己更多人格成长的理由。

[1]

游子吟

唐　孟郊

慈母手中线，游子身上衣。
临行密密缝，意恐迟迟归。
谁言寸草心，报得三春晖。

厚德载物

《庄子》说得好：『圣人之心静乎，天地之鉴也，万物之镜也。』心安静了，阴也罢、阳也罢，日也罢、月也罢，有也罢、无也罢，水也罢、火也罢，一切的相生平衡，在『万物并作』的繁荣之际，我们才能安安静静地看明白这一切，这就是中国人平衡的大人生。

厚德載物

管峻

人在天地间，什么是我们的生命坐标？

中国人爱讲阴阳，如何才能阴阳平衡？

《周易》[1]有言曰，“天行健，君子以自强不息”；“地势坤，君子以厚德载物”。怎么样去学习天的自强不息？怎么样去学习大地包容的这点品德？

其实秘密就在汉字里，在汉字所表达的中国哲学里。当我们在汉字里找到一组一组的辩证法，找到了那些貌似对立其实平衡的关系，把它们融汇到我们的生活里，也许我们就找到了生命的坐标。

《周易》上说，一个真正的圣人君子，他跟社会的关系不是处处都有冲突、纠结、摩擦的，而是尽可能地让自己与社会有更多的相合。合什么呢？

“与天地合其德，与日月合其明，与四时合其序，与鬼

1 《周易》，又称《易经》，简称《易》，以一套符号系统来描述状态的变易，表现了中国古典文化的哲学和宇宙观。与《诗》《书》《礼》《春秋》合称“五经”。

神合其吉凶。”

我在此重点讲讲“与日月合其明”这句。这个“明”字，由“日”和“月”字组成，《说文解字》上说：“明，照也。”（）月光透过窗户照进来的光线，这是“明”字的本义。其实今天我们看到的“明”字字形，连小孩也知道“日月为明”，可是在古文字中，左半边原来还真不是这个日头的“日”字，而是有点像我们现在网络用语中的“囧”字。这个“囧”字是一种象形用法，象的是雕花的窗户，月光从窗子照进来，是谓“明”。

曹丕在《燕歌行》里写道：“明月皎皎照我床，星汉西流夜未央。”表达一个妻子对远方夫君的思念之情。宋代词人晏殊在《蝶恋花·槛菊愁烟兰泣露》中写道：“明月不谙离恨苦，斜光到晓穿朱户。”月光透过雕花窗照到床上，独守空房的人，在这月色中难以安眠，离愁别绪涌上心头，觉得这明月恼人，不添欢喜，徒增忧烦。月色下，所有的情绪都被加倍放大。这个时候，人才格外地感到月光跟人心之间的关联。

唐代诗人张若虚在千古名篇《春江花月夜》中，写离愁别绪中的女子想起远方的良人：

可怜楼上月徘徊，应照离人妆镜台。

玉户帘中卷不去，捣衣砧上拂还来。

月光照着女子的梳妆台，她望着镜中的自己，这容貌没人欣赏，她也无心梳妆，只觉得明月恼人。她恼恨地把窗帘放下，可月光还是从窗缝里照进来，她去洗衣服，但用手拂掉月光的影子，它立刻又回来了。

稍微对古典诗词有所了解的人都知道，中国有很多很多的明月诗。这些以月写心的诗词，其实讲的都是“明”的本义——明月千古，流照人心。

看到这里，也许你心中会有一个疑问：光明的“明”，为什么是月光穿过窗户照进来，而不是日光呢？太阳难道不比月亮更明亮、更有光芒吗？我想，这跟中国人的诗意情怀有关。白天时，人们会在太阳下辛勤地忙碌着，到了晚上吃过晚饭，在月色下歇息，悠闲的心绪会升腾起来。而且，月亮的大背景是浓浓的黑夜，月光自然显得特别明亮皎洁。

当我们在太阳下忙碌劳作时，昨夜月色下的离恨别愁，恐怕也只能暂时搁下了。月亮落下了，太阳升起了，早起的人们开始忙碌起来，耕地施肥，织布洗衣。古代人没有时钟、手表，他们的作息时间都根据太阳的东升西落，叫“日出而作，日入而息”。“日”字在古文字中的写法，就是一个圆圈的中间有个点，其实这讲的也就是太阳的本义。

我们来看两个有意思的字，一个是杲杲出日的“杲”（），还有一个是杳杳的“杳”（）。你看，这两个字多形象啊！“其雨其雨，杲杲出日”，这是《诗经·卫风·伯兮》[1]里的话。树木的顶上是明晃晃的大太阳，这个状态就叫“杲杲”。这句话的意思就是，人们说要下雨了，要下雨了，但抬头看看天，却还是艳阳高照。远方传来消息，说丈夫要回来了，盼呀盼呀，可总是以失望告终。

而“杳杳”是什么概念呢？从字形来看，太阳已经落到

1　《诗经》，我国最早的一部诗歌总集，收集了自西周初年至春秋时期五百多年的三百零五篇诗歌，分为风、雅、颂三部分：“风”是地方民歌，有十五国风，共一百六十篇；“雅”主要是朝廷乐歌，分大雅和小雅，共一百零五篇；“颂”主要是宗庙乐歌，有四十篇。

树木底下了，也就是黄昏薄暮、夕阳西下，那是一个“且向花间留晚照”（宋·宋祁《玉楼春·春景》[1]）的时分，那是一个“不管相思人老尽，朝朝容易下西墙”（唐·韩偓《夕阳》[2]）的时分。在这样的时刻，太阳在树木里的光线就变得杳杳了。

我们只要静下心来，看一看这些汉字的本义，就知道日头对中国人的生活有多重要！曾经有南方的朋友跟我说，人吃中午饭，在他们当地的方言里叫“吃日头”。也就是说，太阳到了中天，就是吃晌饭的时候。人这一天的作息安排，都是跟着日影推移的。太阳起床了，人叫“日出而作”；太阳下山了，人叫“日入而息”。懂得这个道理，其实特别利于人的养生。很多人都有这样的体会，夏天时，晚上会睡得比较晚，早晨起得比较早，不容易赖床睡懒觉。这是因为夏天是生发之际，日照时间长，而人的生物钟也会自觉地跟着调整。冬天刚好相反，晚上就要早睡，早晨适当地晚起，因为这就是太阳的节奏。

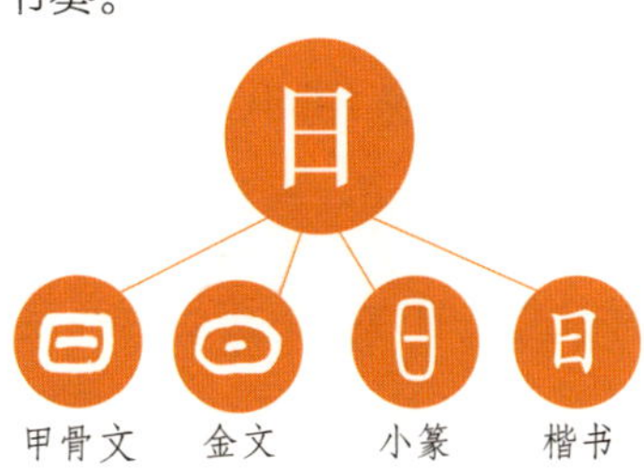

什么是月亮呢?《说文解字》上说:“月,阙也,大阴之精,象形。”()也就是说,月亮的本义是有阴晴圆缺的,“太阳”的对立面就是“太阴”,所以它是大阴之精。我们看一看这个“月”字,就像是一个画出来的月牙儿。大家期待中秋赏月,就是因为天空一轮皎皎如银盘的满月,可为什么不把“月”字画成圆满的呢?“以半圆为之”,这就是月亮之形,因为一个月里,月亮只有一天是圆满的,盈极而亏,亏极而盈,望朔之间,盈亏不定,月亮是以盈亏变化为常的。

人在太阳下要有饱满热烈的进取心,在月亮下要有坦然面对阴晴圆缺、悲欢离合的平常心。有太阳那样的热情,才能在事业上锲而不舍,但也要有接受月亮变化那样的平常心态,才能看淡生活中一切的如常与不如常。太阳和月亮,是天地之间最大的平衡。

人在明月下感受到的不仅仅是诗意，还有深刻的人生哲学。船子德诚禅师有“满船空载月明归”之句，这七个字里，你能够看到一组矛盾：一方面它是满的，一方面它又是空的。这满满的一船，载着空空的月光，它到底是有还是无呢？其实有的时候，拥有空空的月光，给自己留出空间来，反而是一种透彻的了悟。

月亮跟太阳有一点是相同的，就是它们看着都有光。“光”是什么？我们看《说文解字》里面的字形（），火在人上为光。那么，“与日月合其明”，用今天的话来讲，要做一个生命有光的人，这种生命之光，即使外在的世界不能给你，失去了光明，失去了公平，我们生命的内在也要有让自己发光的能力。《庄子·齐物论》[1]里讲过，我们生命中有一个内在叫作“天府”，天府是什么呢？“孰知不言之辩，不道之道？若有能知，此之谓天府。”人生命内部有这样一处地方，这个地方储藏的光明，是什么样的呢？“注焉而不满，酌焉而不

1 《庄子》，又名《南华经》，是道家经文，战国思想家庄周和他的门人以及后学所著。鲁迅评其曰：“汪洋辟阖，仪态万方，晚周诸子之作，莫能先也。”（《汉文学史纲要》）

人在太阳下要有饱满热烈的进取心，在月亮下要有坦然面对阴晴圆缺、悲欢离合的平常心。

——于丹心语

竭，而不知其所由来，此之谓葆光。”往里面再注入多少光明，它都不会满了装不进去，但你无论取走多少光明，它也不会空空如也，这样一种不知道何处所来，但常在生命之中的光明，就叫作“用天府来葆光”。

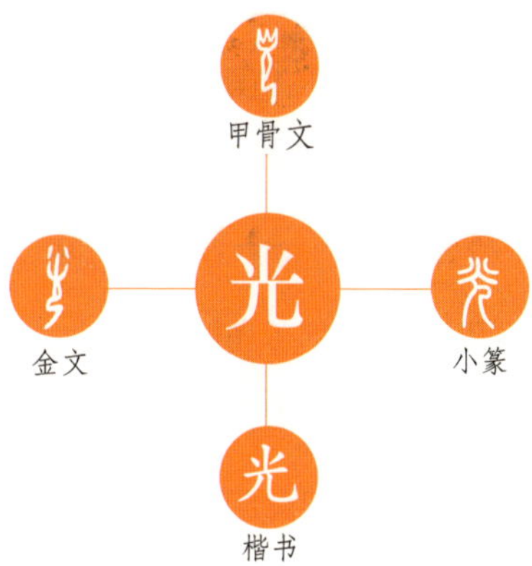

《齐物论》里的这一段，听起来好像很玄妙，但其实想一想却很有道理。它对每个人都很重要，因为我们不能指望这个世界给我们永远不竭的光明，只有让自己的生命发光，像宋朝词人张孝祥说的那样，这个境界叫作“孤光自照，肝胆皆冰雪”（宋·张孝祥《念奴娇·过洞庭》[3]）。写这首词的时候，张孝祥其实也遇到了一个“酌事”，因受谗毁被贬官。他在中秋夜过洞庭湖、青草湖，“短发萧疏襟袖冷，稳泛沧溟空阔”，即使头发已稀疏，衣衫单薄，但我还是安稳地泛舟于浩渺的湖上，从容不迫。为什么呢？因为即使世界不再给我光明，我也能做到“孤光自照”，一个人内心的光芒照耀着自我的生命人格，即使天空没有了太阳，它还有皎皎明月，“素月分辉，明河共影，表里俱澄澈”。

这就是张孝祥的明月情怀，虽然被贬官，但内心含有光芒的人，是不惧黑暗的。头上有火，生命有光，自己就能够产生光明，谓之“葆光”。

天地之间，有了日月，有了光明的照耀，就又生成了一组概念——阴阳。在中国哲学里，世界上的一切都是由阴阳平衡而成的，天阳地阴，男阳女阴，昼阳夜阴，一切都是阴与阳的平衡统一。人有五脏六腑，五脏为阴，六腑为阳。所以，《周易》中写道：“一阴一阳之谓道。”

《黄帝内经·阴阳应象大论》[1]里面有过这么一段话：

阴阳者，天地之道也。万物之纲纪，变化之父母，

1　《黄帝内经》，简称《内经》，是我国现存医书中最早的典籍之一，是研究人的生理学、病理学、诊断学、治疗原则和药物学的医学巨著。与《难经》《伤寒杂病论》《神农本草经》并称为中国汉族传统医学四大经典著作。

生杀之本始，神明之府也。

这段话，从根本上说清了阴阳与整个世界的关系。太极图被称为“中华第一图”，此图中间部分的图案状如阴阳两鱼互纠在一起，因而被习称为“阴阳鱼”。这个“阴”和“阳”不是齐齐的一刀，把这个圆形从中间分开，而是阴中有阳、阳中有阴。这个图案，广泛存在于我们的生活中，比如房子上、衣服上、绘画中，其中所蕴含的哲理更是体现在我们日常做事的原则中。

“阴”和“阳”这两个字都是从耳刀旁的。耳刀旁有左耳刀、右耳刀之分，两个耳刀说法不一样，叫作“左阜右邑”，左耳刀象征着山林山川，右耳刀往往跟城邑和封闭相关。也就是说，左耳刀的字更多地贴近自然，右耳刀的字更多地贴近人文。

“阴”和“阳”这两个字都是左耳刀，因为从本义上来看，阴阳首先是地理概念。

什么是阴？《说文解字》上说，“水之南，山之北”为阴（）。有很多地名中都有“阴”字，比如山阴、江阴、淮阴，其实都是以方位来命名的。“阴”字的繁体字为“陰”，在字形上与古文字更为接近，下面有个“云”。云彩飘过天空，

地上会投下阴影，这就是最早对于“阴”的理解。我们老说“光阴如流水”，光阴有形也无形。当你看见云影流动，那点阴影是有形的；“子在川上曰：逝者如斯夫”，当流水哗哗地带走流光，光阴也是有形的。

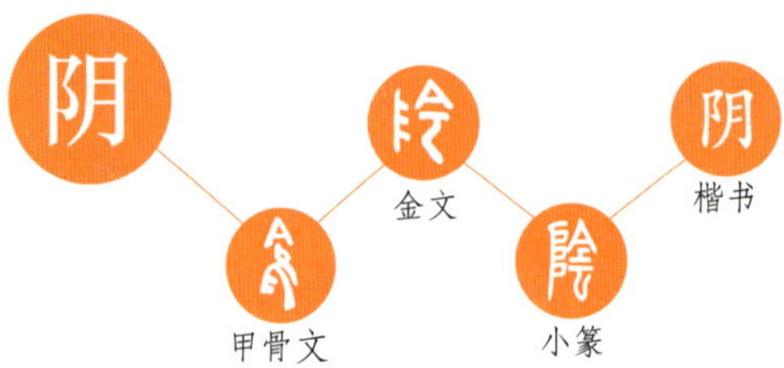

什么是阳？《说文解字》上说：“阳，高明也。”（陽）段玉裁在《说文解字注》中说阳是“阴之反也”。也就是说，“山之南，水之北”为阳。阳，就是表示有太阳的地方。

阴阳之间的平衡，就是中国哲学最大的辩证法。《老子》第四十章里说："反者道之动，弱者道之用。天下万物生于有，有生于无。"阴和阳之间的辩证是什么呢？如同《易传》[1]里面所说："寒往则暑来，暑往则寒来。"寒暑之间的更替，不就是"反者道之动"吗？所谓物极必反，如同《老子》第二十五章里面所说的天地大道，这个东西叫作"大"，"大曰逝，逝曰远，远曰反"，当它走到尽头的时候，就是它归来的开始，寒暑往来莫不如此。

过去有一个说法，最大的两个节气是夏至和冬至。有些地方把春节、端午、中秋、冬至并列为四大节日，所以有"冬至大过年"的说法，认为这个节气甚至比过年都大。夏至这一天，是一年中日色最长的时候；冬至这一天，是一年中日色最短的时候。夏至到了热极，冬至到了冷极，恰恰就是它往另一端开始走的时候。从夏至开始，大地的阴气开始蔓延了；从冬至开始，大地的阳气开始复苏了。其实，这就是"反者道之动"。

1 《易传》，是一部解说和发挥《易经》的论文集，共七种十篇，分别为《彖传》上下篇、《象传》上下篇、《文言传》、《系辞传》上下篇、《说卦传》、《序卦传》和《杂卦传》。

尽管在夏至的时候，天气还是热得不得了，但阴气已经来了。而“数九”从冬至这天才开始，怎么能说有阳气了呢?其实，天地之间的很多变化，在最初时，人是感知不到的，所以苏轼有“春江水暖鸭先知”（宋·苏轼《惠崇春江晚景二首·其一》[4]）的名句传世。“复，其见天地之心乎。”（《易传·彖传》）周而复始，往复循环，这就叫作“天地之心”。

一切事物中都包含着对自身的否定，这就叫辩证法。老百姓最熟悉的是《老子》第五十八章里那句话，叫作“祸兮福之所倚，福兮祸之所伏”。福和祸没有绝对的，两者里面都埋藏着彼此的种子。这就是我们理解阴阳的一把钥匙。其实，“阴”和“阳”这样一种你中有我、我中有你的关系，不是静态的，而是始终在转化的动态。

了解道理还不够，能够做到知行合一，运用这个道理把自己的生活平衡好，那才是更高级的境界。道家提倡生命的柔软，这种柔软不是懦弱，不是放弃，甚至也不是妥协，而恰恰是以无为而达到有所为。

《老子》第四十三章里说：“天下之至柔，驰骋天下之至坚。无有入无间，吾是以知无为之有益。”那些表面看起来无影无踪的东西，以其无形才能够无孔不入；一个人把自己放谦卑，去体会别人的想法，体会世间的道理，做起事来才能得心应手。最起码，比那些刚愎自用的人，磕磕碰碰会更少一些。

越是希望生命中有一种刚强，越要有生命的柔韧；越是希望自己在太阳下发愤图强，就越是要有一点月亮下的彻悟。明白了阴晴圆缺的无常，才能从容对待生活里的不如意，也许这个人才会有所作为。

把阴阳之道运用到生活中，也许我们就在大平衡中得到了进步。什么才是真正的平衡？骑自行车的时候，两个轮子转动起来，那就是一种平衡。当它静止的时候，不用车架子，自行车是站不住的。所有的平衡都在动态之中，也包括有和无。

今人所理解的有，是一种存在，是一种产生，是一种取得，叫作我有、拥有，但是《说文解字》上把“有”（）解释为“不宜有也”。它指的是日食、月食这种现象是不应该出现的。“有”[1]字的甲骨文（），像刚刚长出来的草木，像牛头上的牛角。但是到了小篆字体时就变了，变成了一只手拿着一块肉。物质贫乏的时代，能有块肉是一件很值得骄傲的事，

1 “有”字字形变化：骨刻文（）— 甲骨文（）—金文（）—小篆（）—隶书（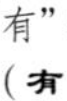）。

明白了阴晴圆缺的无常，才能从容对待生活里的不如意，也许这个人才会有所作为。

——于丹心语

代表着富裕，特别是拿一块肉赠送给别人，这就更是豪奢的事了。这个字形就是今天的“有”。

有的时候，真是很佩服祖先造字的观念，能够把很多空无的、抽象的概念给你找到一个字。比如说“无”，最早的字形是舞蹈的“舞”（）字。《说文解字》上面解释，“舞”是“乐也”，就是乐舞同源。这个“无”和“舞”是一样的，“无”的甲骨文字形，表示一个人在起舞，小篆也是这样的字形。汉朝王莽时期，官方规定了六种字体[1]，一曰古文，二曰奇字，三曰篆书，四曰左书，五曰缪篆，六曰鸟虫书。“无”字在奇字里的写法，很接近今天的简体字。其实，我们今天用的“无”字是从奇字来的，最有意思的是，这个“无”写出来，

1 《说文解字·序》中解释为：“及亡新居摄，使大司空甄丰等校文书之部。自以为应制作，颇改定古文。时有六书：一曰古文，孔子壁中书也。二曰奇字，即古文而异也。三曰篆书，即小篆。四曰左书，即秦隶书。秦始皇帝使下杜人程邈所作也。五曰缪篆，所以摹印也。六曰鸟虫书，所以书幡信也。”

恰恰是“有”的一半，“无”不是空空的无有，而是半有，是“有”的一半。

老子说得好：“有无相生，难易相成，长短相形，高下相倾，音声相和，前后相随。”所谓有还是无，那是比较来的；所谓难和易、长和短、高和下、前和后，如果没有一个参照的位置，你怎么能得出另一端的判断呢？上一章说过“比”字，一个人紧贴着另一个人，老在那儿比，就比出了高下长短、有无先后。

每个人都应该为自己设定人生的坐标，但这坐标不一定是跟别人去比长短，而是心里要有恒定的标准。庄子在《逍遥游》[1]里说过一种人生的标准，“举世而誉之而不加劝，举世而非之而不加沮”。当你内心有了恒定的标准，你就不会跟别人比；当全世界都夸你、鼓励你，让你再往前走一步，你也不为所动；当全世界都非难你、责怪你，你心中也丝毫不会沮丧。这样的境界，要如何才能做到呢？“定乎内外之分，辩乎荣辱之境”，一个人只有知道内心的定力足以和整个外界的评价、论断对抗，他才能够有宠辱不惊的那点能耐。

1　《逍遥游》，是《庄子》的第一篇，运用大量寓言故事，把无所待的思想寄托于生动的形象中，追求无所依傍，最终获得无穷的自在自由。

一个人只有知道内心的定力是以和整个外界的评价、论断对抗，他才能够有宠辱不惊的那点能耐。

——于丹心语

有钱还是没钱，有出息还是没出息，其实就看你跟谁去比了。有些人有高文凭，有很多资质证书，但在工作上却平平淡淡；有些人很早就辍学，没读过多少书，但也可以成就一番自己的事业。其实，老子的观点在《庄子》里面得到了一个最大的发挥，那就是有用和无用，《老子》第二章中说："是以圣人处无为之事，行不言之教。万物作而弗始，生而弗有，为而弗恃，功成而弗居。夫唯弗居，是以不去。"这一段话的意思是，圣人用无为的观点对待世事，用不言的方式施行教化。听任万物自然兴起而不为其创始，有所施为，但不加自己的倾向，功成业就而不自居。正由于不居功，也就无所谓失去。

这段话引申到庄子的思想里，就成了无为和无不为之间的关系。

> 宋有荆氏者，宜楸柏桑。其拱把而上者，求狙猴之杙者斩之；三围四围，求高名之丽者斩之；七围八围，贵人富商之家求椫傍者斩之。故未终其天年而中道之夭于斧斤，此材之患也。（《庄子·人间世》）

在庄子看来，木头在我们的脑子里都是有标准件的，长到一握两握，砍下来拴牲口，就是个桩子的材料；长到三围四围，是盖房子做梁的材料；长到七围八围，是做棺材的板材。这样的树必定会遭遇砍伐，始终不能终享天年，这就是“有用”带来的祸患。庄子在《逍遥游》里又写道：

> 今子有大树，患其无用，何不树之于无何有之乡，广莫之野，彷徨乎无为其侧，逍遥乎寝卧其下。不夭斤斧，物无害者，无所可用，安所困苦哉！

一棵树如果很幸运地没有被砍伐，终于长成几个人合抱的参天大树，大家就想不出来它可以做什么用了，就说这木头废了、没用了，长成散木了。在庄子看来，那么大的树，它再也不会被刀斧所伤，把它立于广漠之野，无何有之乡，过往的行人可以悠然自得地在树下乘凉，逍遥自在地躺卧树下睡觉，这棵大树下就成了一个休闲场所，你说这是有用还是无用呢？

人的认知是有限的，在我们的认知范围内，一个东西的价值是可以估量的，一旦超出了认知范围，超出了对有用的界定，我们就认为它是无用的。其实，“有”和“无”的界限到底在哪里呢？“人皆知有用之用，而莫知无用之用也。”人们都知道有用的用处，却不懂得无用的更大用处。

由此来看，“有”和“无”是一种辩证关系。《老子》第四十八章里说：“为学日益，为道日损，损之又损，以至于无为。无为而无不为。取天下常以无事，及其有事，不足以取天下。”人的学问是做加法，每天都要增加，但人的修行是做减法，每天都要减少，减少又减少，到最后才能达到无为的境界。如果能够做到无为、不妄为，则在任何事情上都可以有所作为。治理国家的人，要经常以不骚扰人民为治国之本，如果经常以繁苛之政扰害民众，那就不配治理国家了。从一个人到一个国家，无事就是正常，等到有事再去作为，那就只是一种应对。所以，人一方面要学会获取，另一方面也要学会舍弃，“不舍不得”，也是无和有之间的关系。人的生命时光就三万来天，住的房子、吃的东西、做的事情都有个定数，如果什么都不放、什么都想得，总是强调“有”，而不了解“无”的话，往往就会得不偿失。

水和火，还是一组辩证关系。我们常常说“水火不容”，有的时候也说“水火无情”。其实，我们看看古汉字，就知道怎么让水火相容平衡，如何让水火有情。

《说文解字》上说：“水，准也。”（）“水”也就是“平”的意思，今天老说水平水平、水准水准，水这东西是最平的。我们刨一块木头、打造一个金属平面，都没有水平面那么平。《说文解字》中说得更有意思，是“北方之行，象众水并流，中有微阳之气也”，“水”字的形状像众水都在流着，中间的这一道是微阳之气，也就是说，很多的水流在涓涓流淌，中间微微地含着一点阳气。

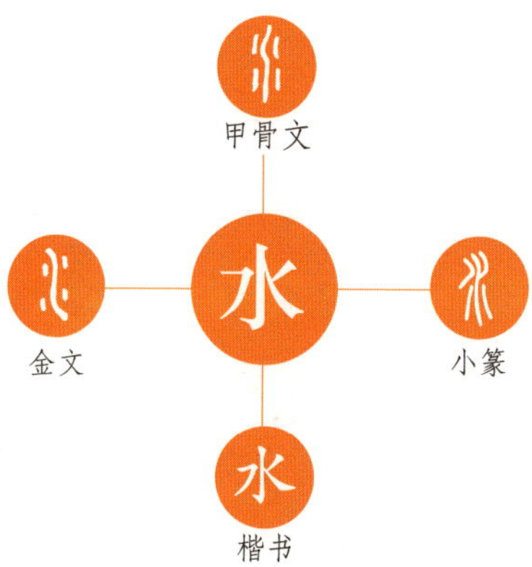

水向下流，火往上烧，水火这组平衡就在我们的生命中。水为什么是下行的呢？我们可以看看跟它相关的字。川流不息的“川”（），多么像过去的“水”字，《说文解字》上对“川”的解释为“贯穿通流水也”，向下走的河流为“川”。

而那些川流中间小小的高地，标出来那几个点，这就是“州”（），“水中可居曰州”，所以最早不带三点水的这个“州”，也是指水中之地的。“关关雎鸠，在河之洲”，说的就是这个“州”，后来跟行政区划有了关联，才加了三点水。

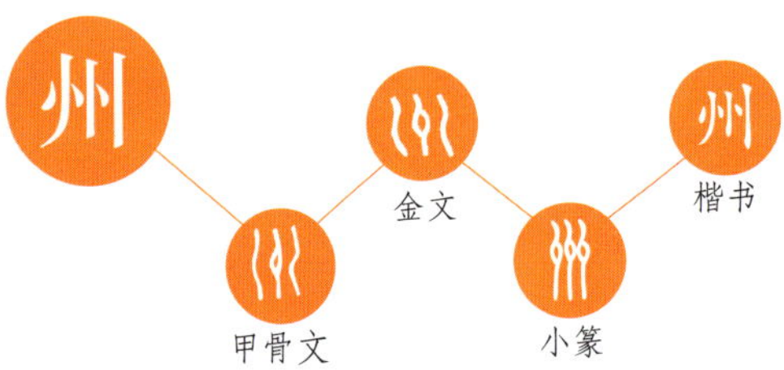

那再看“永”（）字。写书法的人在最初练字时，都要练“永字八法”，很多人都是从《兰亭集序》[1]开篇四字“永和九年”开始练的。“永”字本身也是从水流而来的，“长也，象水坙理之长”，这个“永”和游泳的“泳”、派生的“派”是同源的，它的甲骨文字形、金文字形、小篆字形[2]，就像是一个人形在水中行走，激流从身边穿过。这就是“永”字的本义，水流曲折，永不枯竭。水是这个世间最永恒的。

---

1 《兰亭集序》，又名《兰亭序》，书法家王羲之所作，有“天下第一行书”之称，是中国晋代书法成就的代表作。

2 “永”字字形变化：甲骨文（）—金文（）—小篆（）。

更有意思的一个字是往昔的“昔”，“昔”字的甲骨文（）、金文（）字形，上面是水波浪，下面是“日”字。在远古时期，洪水泛滥，那些水流下来的记忆，过去的时光是不可磨灭的。水下的日子，就是往昔。所以我们有时候说，日子像水一样流淌，那些一去不返的时光，就是往昔。

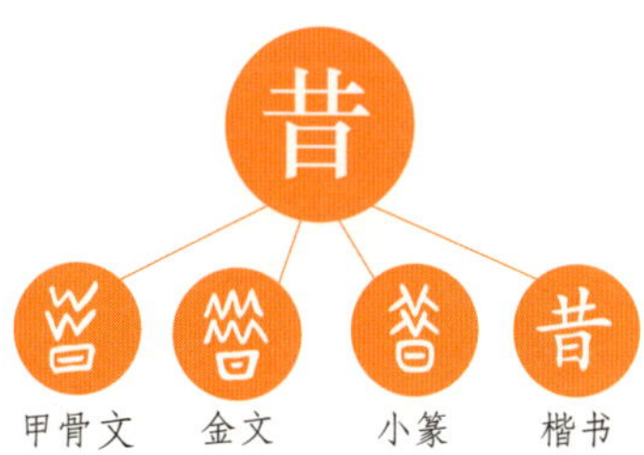

这些静静地藏在泛黄书卷中的古汉字里，蕴含着多少感慨呀！这里面有诗意，有珍惜，也有一种近乎哲学般的深深的窥探。

这些静静地藏在泛黄书卷中的古汉字里，蕴含着多少感慨呀！这里面有诗意，有珍惜，也有一种近乎哲学般的深深的窥探。

——于丹心语

我们再来看看三点水的字，比如跋山涉水的“涉”（），《说文解字》里解释为“徒行厉水也”，两只脚蹚过水流，这就是涉水。

深渊的“渊”（），“渊，回水也”，最早的这个字象形的就是河水中打着的漩涡，漩涡处水深流急。“如临深渊，如履薄冰”，并不是指深渊有多么深，而是指一旦搅进漩涡就不容易出来，所以要小心翼翼。

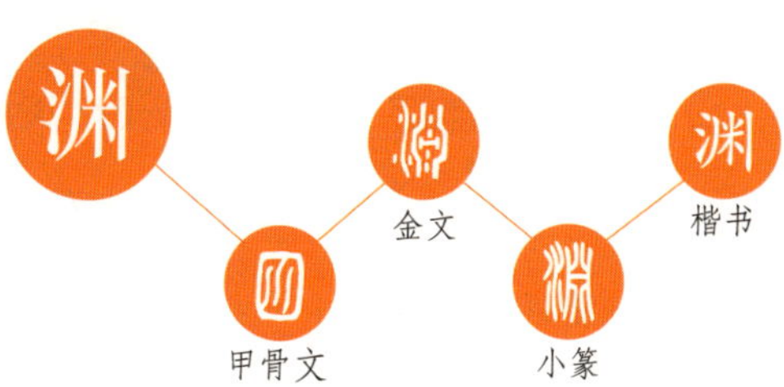

再看“浮沉”这两个字，特别是“浮”（），多么形象啊，在水边，手抓住了水中小孩子的头部，把孩子拎起来，这种形状就叫“浮”。后来这个“浮”字又引申为浮云的“浮”，因为云彩是浮在天上的，这个字义其实是从水中来的。

从三点水的字还有很多，比如江、河、湖、海、波、澜、泳、荡等。其中比较有意思的是“沙”（），“沙，水散石也”，水中散落的那些石头粒为沙，水少则沙现。边沿的“沿”（），“沿”就是“缘水而下也”。在远古时期，那些逐水而居的部族，曾经沿着水流进行过多少迁徙呀！

“蒹葭苍苍，白露为霜。所谓伊人，在水一方。溯洄从之，道阻且长。溯游从之，宛在水中央。”（《诗经·秦风·蒹葭》）我们在水流中追寻过多少爱情和梦想，那一次一次的逆流而上，那一次一次的顺流而下，今天都市里的孩子们，在背诵《蒹葭》时能不能感觉到呢？今天的我们，失去了逐水而居的经验，已经看不见什么是浩浩荡荡，已经不知道什么是涓涓细流。

其实《孟子》里面说“源泉混混”，“混混”通假“滚滚”，“混”的古音读作 gǔn。“混”（）就是大江大河中搅起的泥沙，在眼前呈现出来的颜色。

“江”是很多大河的通称，“江防”一词即由此而来。

很多地名都是以水命名的，比如浙江、黑龙江、黑河、沅江等。“江间波浪兼天涌，塞上风云接地阴”（唐·杜甫《秋兴八首·其一》[5]），城市里不会有这样的景观，那种壮阔汹涌，现在只能在电视上看到。古人的生活是艰难的，但是，江流浩荡的壮观，就在他们的身边。

“滔滔”形容水大之貌，“涓涓”形容水小之形，这些词现在还常常用到，但要想身临其境去体会，可就难了。

在这三点水里面，藏着我们民族，甚至是人类历史的多少集体记忆！

两点水的字更有意思，那是至冷至寒的“水”，比如冷、冻、凝、冰等。“冰”（），《说文解字》中解释为“水坚也”，坚硬的、凝固的水叫作“冰”，而我们看见的就是冰上的细纹。

老子曰：“上善若水，水善利万物而不争。处众人之所恶，故几于道。”这就是中国人所尊崇的为人之道。

水向下流，火向上生，我们再看看“火”（），“火”字写出来有点像山。其实，只要你凝视一会儿燃烧的火焰，就明白这个字形是多么形象，它就是燃烧的火苗。一个“火”是火苗，两个“火”叫“重火为炎”，炎炎的“炎”（）字就是两重火。三个火放在一起是“焱”（），就是“火华也”。自从发明了火之后，人类的饮食习惯从茹毛饮血走向熟食，火还给人们带来御寒的温暖、照亮的光明。其实在人类进化史中，火是最重要的发明。我们现在去看五十万年前周口店人留下来的遗址里，有火烧过的痕迹，有将近一米厚的灰烬，甚至还有一些残炭，在洞外面有烧过的动物的骨头。周口店人用火吓退野兽，得到熟食。

甲骨文 金文 小篆 楷书

其实，人类学会钻木取火是很晚之后的事情，大概也就是在十万年前。而在那之前的几十万年间，很难想象我们的祖先在一次次迁徙时，在一次次大暴雨之中，要付出什么样的代价，才能保留从山火中带来的这点火种啊！火带给人类的这一切，在今天看来好像已经不那么珍贵了，但这种珍贵在我们的汉字中俯拾即是。

心焦的“焦”（），其实就是在火上烤的短尾鸟，“隹”就是短尾鸟，在四点火上烤着。忧心如焚的“焚”（），就是火烧了林木的意思。炙烤的“炙”（），就是在火上烤肉的意思。特别有意思的是“灰”（）的字形，一只手可以拿起的火，那显然是已经灭了的火呀！死火余烬，手才能够拿得起来吧。死火有的时候还是微温的，有的时候全然冷却，所以这种火的颜色是灰突突的。我们形容沮丧地放弃一件事时，会说“我对这件事彻底灰心了”，所谓“形如槁木，心同死灰”，这件事才真叫放弃了，因为你心里的火熄灭了，剩下的只是可以抓得起来的灰烬。熄灭的“熄”（），《说文解字》中解释为“畜火也”。“熄”这个字有两重意思，生火是“熄”，灭火也是“熄”。

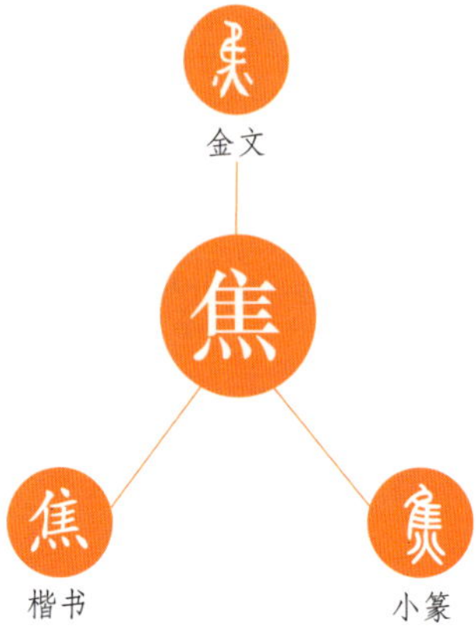

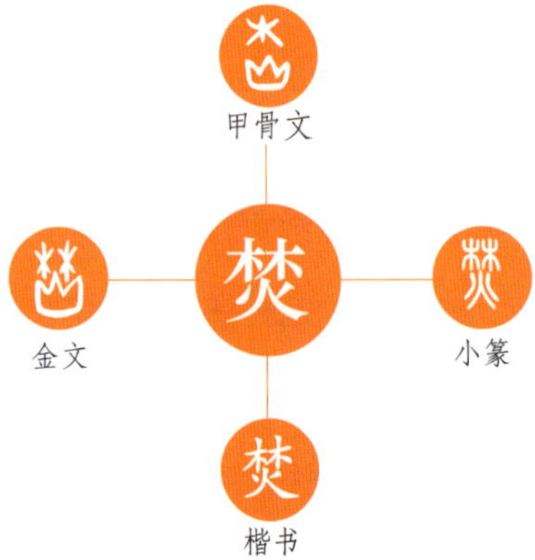

与火相关的汉字，有很多是把“火”放在底下的，就是灬字底这四点。比如晚照的“照”（），“照，明也，从火昭声”。“照花前后镜，花面交相映”（唐·温庭筠《菩萨蛮》[6]），女孩子梳好头发后，要照照自己后面的发型，前

面一个镜子，后面一个镜子，这种交相映照，就是“照”。“为君持酒劝斜阳，且向花间留晚照”（宋·宋祁《玉楼春·春景》），夕阳晚照也是“照”，“留取丹心照汗青”也是“照”，所有的这些“照”，其实都跟火光映照是相关的。

热烈、熊熊、蒸煮煎烹等，都是灬字底。有的时候我跟朋友开玩笑说，为什么那么多字把火放在底下？这说明人有了火得懂得压着点，看见这四点，你就知道不能让火冲上脑门，火要是控制不了，那是会烧起来的。

处理不好，水火就是无情的；处理得好，就能掌控它们，为我所用。灾难的“灾”（），就是火烧了房子，是“天火曰灾”。但“灾”的甲骨文字形（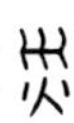），上面是水，下面是火，水和火都能带给人灾难。所以说，如果控制不了水和火，那么水火皆可成灾，控制好了，水火都可相容。

《老子》第四十五章里说：“躁胜寒，静胜热，清静为天下正。”治水也罢，治火也罢，自己心里得有根，“重为轻根，静为躁君”。情绪的烦躁、急躁，跟外在的燥热是一样的，无论是足字旁的“躁”，还是火字旁的“燥”，要想宁静下来，都要心里有一种安静的能力。就像《老子》第十六章说的“致虚极，守静笃，万物并作，吾以观复”，面对快速变化的世界，我们想要看清看明白，让自己的心静下来是唯一的途径。

《庄子》说得好："圣人之心静乎，天地之鉴也，万物之镜也。"心安静了，阴也罢、阳也罢，日也罢、月也罢，有也罢、无也罢，水也罢、火也罢，一切的相生平衡，在"万物并作"的繁荣之际，我们才能安安静静地看明白这一切，这就是中国人平衡的大人生。

[1]

玉楼春·春景

宋　宋祁

东城渐觉风光好，縠皱波纹迎客棹。绿杨烟外晓寒轻，红杏枝头春意闹。

浮生长恨欢娱少，肯爱千金轻一笑。为君持酒劝斜阳，且向花间留晚照。

[2]

夕阳

唐　韩偓

花前洒泪临寒食，醉里回头问夕阳。

不管相思人老尽，朝朝容易下西墙。

[3]

念奴娇・过洞庭

宋　张孝祥

洞庭青草，近中秋、更无一点风色。玉鉴琼田三万顷，着我扁舟一叶。素月分辉，明河共影，表里俱澄澈。悠然心会，妙处难与君说。

应念岭表经年，孤光自照，肝胆皆冰雪。短发萧疏襟袖冷，稳泛沧溟空阔。尽吸西江，细斟北斗，万象为宾客。扣舷独啸，不知今夕何夕。

[4]

惠崇春江晚景二首（其一）

宋　苏轼

竹外桃花三两枝，春江水暖鸭先知。

蒌蒿满地芦芽短，正是河豚欲上时。

[5]

秋兴八首（其一）

唐　杜甫

玉露凋伤枫树林，巫山巫峡气萧森。

江间波浪兼天涌，塞上风云接地阴。

丛菊两开他日泪，孤舟一系故园心。

寒衣处处催刀尺，白帝城高急暮砧。

[6]

菩萨蛮

唐　温庭筠

小山重叠金明灭，鬓云欲度香腮雪。懒起画蛾眉，弄妆梳洗迟。

照花前后镜，花面交相映。新帖绣罗襦，双双金鹧鸪。

家和万事兴

家教和门风，学则可以成圣，不学则无以成人。中国人的圣贤理想是一脉相传的，学习就是一个光明所在。所以，伦理规矩教育的起点，是从家庭开始的。在一个知识越来越丰富的时代里，还是要记住这句古训——家和万事兴。

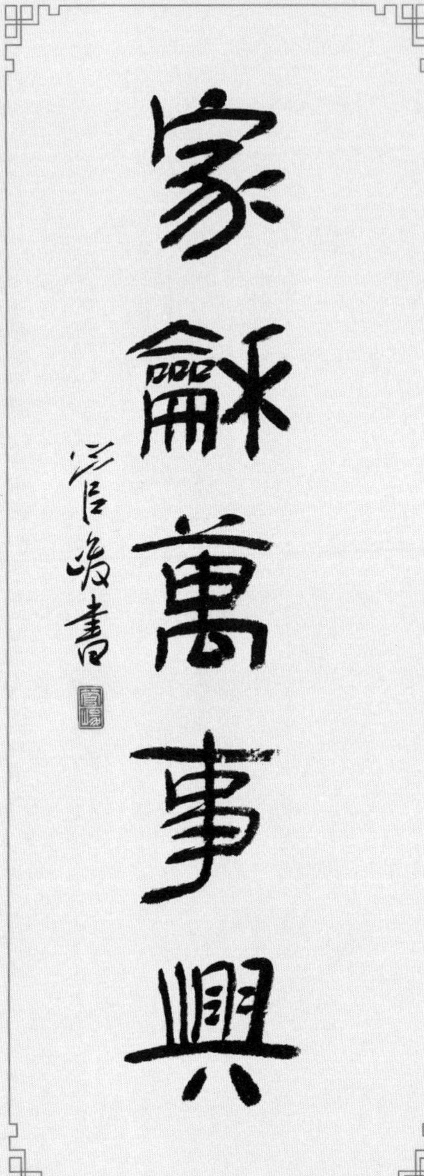
家龢萬事興

中国有句老话，叫作“家和万事兴”。虽然每个家庭的成员构成都差不多，日子却过得都不同。托尔斯泰说得好，幸福的家庭总是相似的，不幸的家庭各有各的不幸。那么，怎样能够找到幸福的那些相似的根本规律？怎么样让自己的日子过得再好一点呢？

其实，中国哲学最看重的，就是家庭里面的伦理关系。冯友兰先生在《中国哲学简史》里说过，古希腊是一个城邦国家，而中国是家邦式社会。古代有所谓四民之说，即“士农工商”。

“士”是四民之首，也就是读书人，“万般皆下品，唯有读书高”，所以“士”排在第一位。“士”的字形（），就像一个人双腿并拢站在大地上，堂堂正正。读书人胸中有治理国家的抱负，为官时叫“士大夫”；不为官的时候，也是个“士”。做了大夫以后，他原来的价值观是不改的。所以，这样的人排在第一。

排在第二位的是“农”，中国是农耕大国，农为立国之本，所谓“仓廪实则知礼节”“民以食为天”，粮食是否足够，决定着社会的稳定、民心的向背。中国的传统是重农轻商的，“工”排在第三，“商”排在最后，因为中国人的观念里是赞美自然的，而且是谴责很多人为工巧的，认为顺应天时的纯朴生活就叫作好日子。

《庄子·应帝王》里面讲过一个小小的寓言故事：

> 南海之帝为倏，北海之帝为忽，中央之帝为浑沌。倏与忽时相与遇于浑沌之地，浑沌待之甚善。倏与忽谋报浑沌之德，曰：“人皆有七窍，以视听食息，此独无有，尝试凿之。”日凿一窍，七日而浑沌死。

南海的帝王名叫倏，北海的帝王名叫忽，中央的帝王名叫浑沌。倏与忽这两个帝王时常在浑沌之地相会，浑沌作为地主，每次都盛情款待。时间长了，倏与忽觉得应该报答浑沌的款待之恩，就商量说：“人都有七窍，眼睛可以看美色，耳朵可以听声音，嘴巴可以吃食物，鼻子可以呼吸空气，唯独浑沌没有七窍，就是一个圆乎乎的大肉球，我们给他凿出七窍吧。”于是，这二位就每天给浑沌凿一窍，结果把七窍都凿开后，浑沌却死了。

通过这则寓言，庄子其实想表达的是中国人崇尚纯朴自然的生活状态。

过去很多老宅子的门楣上都挂着“耕读传家”的匾额。一个家庭，既要耕作土地，养家糊口，以立性命，也要读圣贤书，通晓道德礼义。书本上的道理和劳作中的道理合在一起，就是中国的家邦制度。

儒家学说中，宗法制社会里，人有“五伦”，即君臣、父子、夫妇、兄弟、朋友五种关系。这五伦里面，有三种是家庭关系——父子、夫妇和兄弟。而另外的两种，君臣关系比照的是父子关系，朋友关系比照的是兄弟关系。也就是说，中国几千年封建社会里面的五伦之德，其基础就是家庭关系。

儒家和道家，是中国哲学系统的主体构成。其实，儒家和道家也是一组平衡，儒道互补，儒家的精神和道家的智慧交相辉映。孔子所代表的儒家更重名教，以老庄为代表的道家更重自然；儒家重入世的责任，道家重出世的自由。所以，入世与出世之间，社会与自然之间，是一种平衡。人要以出世之心做入世之事，多一点责任担当，少一点恩怨计较。这种平衡智慧，大概就是一种好的状态。

平衡是一种关系，用今天的词来讲，就是“和谐”。家庭关系，放大了就是社会关系。虽然“五伦”里的君臣关系已经不存在了，但是父子的关系还在，夫妇的关系还在，兄弟、朋友的关系还在。家庭是社会的核心，是伦理道德最基本的起源。以农为本，以和为贵，以德为荣，以伦理关系中的一切作为关系的枢纽，就是中国人的传统道德。

现在的中国社会有一个特殊情况，就是很多家庭都只有一个孩子。对孩子教育的财力、精力投入越来越多，孩子也掌握了越来越多的知识，但是，我们不能丢了中国人的家教和门风。

中国是礼仪之邦，礼仪是最重要的教育。在一个人的成长过程中，每一个阶段的学习，都有不同的侧重点。《礼记·大学》中有言：“古之欲明明德于天下者，先治其国；欲治其国者，先齐其家；欲齐其家者，先修其身；欲修其身者，先正其心；欲正其心者，先诚其意；欲诚其意者，先致其知，致知在格物。”这里面讲了人生的八个不同阶段，即格物、致知、诚意、正心、修身、齐家、治国、平天下。这八个阶段里面的前五个阶段，其实讲的都是一个人在家里的修为。

家庭是社会的核心，是伦理道德最基本的起源。

——于丹心语

为什么连农民都读书啊？为什么耕读可以传家呀？因为你如果不去读书，不了解知识的话，你怎么能够了解世界呢？而一个人如果没有诚意，不能正心，何以修身呢？没有对自我的修养，何以齐自己的家？

只有把格物、致知、诚意、正心、修身、齐家都做到位，走到社会上，遇见好的机遇，才有可能去实现治国、平天下的人生抱负。所以，中国人有句话："一室不扫，何以扫天下？"连自个儿家里面都不能收拾得干净整齐的人，何谈去治理国家天下呢？

齐家的"齐"（）字的字形，上面就像是禾苗吐穗的样子，所以《说文解字》上讲："禾麦吐穗上平也，象形。""齐"就是一致、整齐的意思。而齐家之"齐"，就是来自农耕文明的一种经验，齐刷刷的禾苗看起来欣欣向荣。家庭也一样要讲个"齐"字，每个人都有自己该尽的责任，每个人都尊重家里的秩序，齐心合力。

现在的独生子女，好多都是隔代抚养长大的，由爷爷奶奶、外公外婆看护着。现在的小孩念书也辛苦，三四岁就去上各种学前班；上小学的时候，书包已经不是背着的了，而是用一个小小的拉杆箱，拉着很多功课回家。老人们都疼隔辈人，孩子上学时管接管送。孩子放学进了家门，有削好的水果，有可口的饮料；饿了，有及时端上来的饭菜，吃剩下没关系，爷爷奶奶帮着打扫。这是现在很多家庭的常态。

其实，按照中国人过去的规矩，老人没有上桌，晚辈是不能先动筷子的。现在则是孩子随便吃，吃剩下的一家人打扫。当然，疼爱孩子的心情可以理解，可是从一个家庭来讲，它就不“齐”了，因为规矩被破坏了。爷爷奶奶伺候着成长的小皇帝、小公主，走入大学住集体宿舍的时候，谁照顾他呢？毕业后进入社会，参加工作，谁会众星捧月般地以他为中心呢？从小被宠坏的孩子，进入社会之后，极易形成巨大的心理失衡，因为之前生活格局被打破了。如何让孩子以一个健康的心态参与人生呢？我们还要回到齐家的这个“齐”字，家里要有规矩、有秩序。

“家”字上面的宝盖头，在偏旁部首里叫作宀（mián）（）部。这个“宀”是个象形字，《说文解字》中解释为

“交覆深屋也”。你看这个“宝盖”，它是由两根柱子支撑着一个很高很圆的屋顶。在公元前四千多年的半坡村，就有这样的房子，而且，这种造型比方形房子要早得多。

家和万事兴，那么我们就从“家”字开始，说说跟家有关的汉字中宝盖头下藏着什么样的家庭观念。

《说文解字》上说：“家，居也。”（）家就是我们居住的地方。从字形上来看，上面是宝盖头，下面是一个“豕”字，家里养着一头小猪。其实，现在一些少数民族地区，还能看见吊脚楼的底层在养猪。那么，为什么不是养牛、养羊，而是养猪呢？记得在我小时候，有一个相声叫作《猪全身都是宝》。自古以来，猪就是饲养成本相对比较低，但回报比较高的家畜，也容易驯化。所以，一个家庭用不着养很大的牛、马，只要能够养猪，就是小康水平了，这个家里的日子就能够安定了。

从最早的“家”字上可以看出来，中国人的家庭生活，不求大富大贵，是典型的小富即安。人和动物之间和谐相处，可以同在一个屋檐下。在过去的农村，很多人家的典型画面是，猪圈里有两头猪，几只老母鸡在院子里散养，刷锅洗碗后的泔水用来喂猪。这样的日子，会让你觉得有一种朴素的温暖。

从过去的家庭建筑结构看，家里有“堂”（）有“室”（）。有个成语叫“登堂入室”，那么，“堂”和“室”是什么关系呢？

“内室外堂”，东汉刘熙所著的《释名》[1]上说：“室，实也，

1 《释名》，汉末刘熙作，从语言声音的角度来推求字义由来，与《尔雅》《方言》《说文解字》一起被视为汉代四部重要的训诂著作。

人物实满其中也。”“内室”就是有人、有东西。中国人不喜欢露富，过去的人不像现在的人，去网上晒自己的豪车豪宅，而是把日子过得自己偷着乐。内室有东西、有财富，也有人，这就叫“实满其中”。

再来看“堂”字，“堂屋”就是现在指的客厅。有个形容词叫“亮堂堂”，为什么客厅要敞亮呢？因为那是一个公开场所，而“室”要私密一点。所以，中国人认为“户外为堂，户内为室”，分得很清楚。这个“堂”和“室”，一直都在中国人的生活格局中。

还有一个宝盖头的字，就是方向的“向”，古字与今字已经大不相同。我们看看古字的字形（  ），宝盖头下面开一扇小窗户，多形象啊！《说文解字》上说：“向，北出牖也。”向北开的窗户为“向”。今天我们说一个人晕得“找不着北”了，“找不着北”就是找不到方向了。很多人都习惯给自己设定各种各样的目标，但容易忽略方向的重要性。其实人这一辈子，并不是明确设定的每个目标都可以准确达到，方向往往比目标更重要。有了大方向，再去设定目标，就会更有的放矢，更有变通性。人不能丢了方向，这就是“向”字告诉我们的，因为它是透过窗户所射进来的光明。

其实人这一辈子，并不是明确设定的每个目标都可以准确达到，方向往往比目标更重要。

——于丹心语

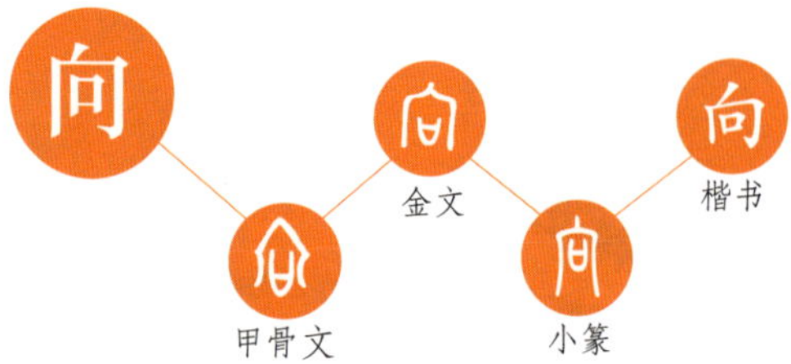

我们今天常提到的一个词是“宇宙”（）。何谓“宇”？屋的边缘为“宇”，所以《易传·系辞》里面说：“上栋下宇。”房屋覆盖的那个栋梁，是宇。何谓“宙”？《说文解字》上说：“宙，舟舆所极覆也。”车船所能够到达的地方叫“宙”。

“宇”和“宙”构成了中国人的空间概念，后来还加进了时光的概念，于是我们常常习惯把“宇”用来形容空间，把“宙”用来形容时间。时间与空间的往来，形成了中国人的宇宙观。有的时候，我们一眼望出去，不仅仅是一片辽阔的空间，还可以清晰地看见流光从中走过。

“东临碣石，以观沧海”[1]，在秋风萧瑟、洪波涌起的时候，曹操分明地看见“日月之行，若出其中；星汉灿烂，若出其里”，这就是在流水中望见的时光。

杜甫登楼，“锦江春色来天地，玉垒浮云变古今”[2]，春光之中看见了历史的变化。这也是在时光空间的交错上一眼望穿了古今。

“宇宙”二字都是宝盖头，这个宝盖头，也跟我们的家居有关。我们形容一件事情宏阔、宏大，“宏”字为什么要从宝盖头呢？（）因为它的本义是“屋深响也”，在一个很大的屋子里喊叫一声，能听到空空的回响，所以，要足够大才能够叫“宏阔”！

还有一些更有意思的观念，比如“安宁”这两个字。“安”字，宝盖下面有个女。从小篆字形上看，就是屋子里面有一个跪坐的女人，这个家就“安”了。那什么是“宁”呢？简体字是宝盖下面加一个“丁”。繁体字的“寧”是宝盖下面摞着“心皿丁”，先要有一颗心安顿了，下面有一个装满了食物的皿堆，再下面是一个大托盘托着皿堆上的食物。安顿着一颗心，这就叫作“宁”了。

我曾经在女儿小时候跟她聊天，我说，你看“安”字，家里有个女人就“安”了。女儿说，那家里有个男人就“宁”了。我说，这个“宁”字原来不是这么解释的，它的繁体字结构里，“丁”上面还有吃的，还需要安心。但是女儿说，她觉得这也没错啊，一个家里有个妈妈，大家就“安”；有个爸爸，大家就“宁”。后来我想了想，要按照简单的思维来理解，女儿这个说法也说得过去。也就是说，“家”的屋顶下，最重要的是有人，有了人才有安宁。

在今天的生活中，最大的奢侈品都不是拿钱能买得到的，比如安全感。安全感往往是从家里来的，家中有一个女人去持家，一家人就心安了。女人往往是家庭基本关系的枢纽。

最起码，孩子教成什么样，女人起决定性作用。《三字经》[1]上言道：“昔孟母，择邻处；子不学，断机杼。”孟母三迁的故事大家都知道，这是妈妈干的事。岳母给儿子岳飞背上刺字“精忠报国”，也是妈妈干的事。甚至戏词里唱的“三娘教子”，三娘教的那还是大娘留下的儿子，就算不是自己亲生的孩子，也苦苦地在劝他要走正道，要学好。

封建社会认为“女子无才便是德”，女人没有几个识文断字的，更没有现在这样海归留洋的，但是她们知道要把家里的事情管好。她们可以管出通晓大道的儿子，这些孩子长大后就是民族的灵魂。从这个角度来看，家中有女才是“安”，这个“安”字给我们的是一种家庭观念。

还有一个字，大家也很熟悉，就是“定”。《说文解字》上说：“定，安也。”（  ）它跟“安”是一个意思。《周易》里面说得更好，叫作“正家而天下定矣”。从一个家的“正”到整个天下的“定”，是有着基本的逻辑关系的。为什么说中国封建社会是家邦社会？国家国家，家国一体，这是中国人自古而来的观念。所谓“家和万事皆兴”，家安定

1　《三字经》，共一千多字，内容包括中国传统的教育、历史、天文、地理、民间传说等多方面。与《百家姓》《千字文》并称为三大国学启蒙读物。

住了，整个社会的基础也就有了。看看这个“定”字，其实就是我们往何方走，有一个方向，有一个目标，有一个尺度，也就安定了。

对于一个家庭来说，基本的物质保障必不可少，所以宝盖头的字还有富裕的“富”。《说文解字》上说：“富，备也，一曰厚也。”（）完备的“备”，丰厚的“厚”，家里头一切完备、丰厚，那这个家就富有了。我们现在老说“富贵富贵”，有的时候，光有殷实的财宝，不见得就有生命的尊贵。现在的家庭文化有一个问题，就是“富而不贵”。很多人可以通过辛勤努力工作来积累财富，但是“贵”这个字就不一定能达到。“贵”有另外一套衡量标准，比如帮助别人、

所谓『家和万事皆兴』，家安定住了，整个社会的基础也就有了。

——于丹心语

有礼貌、有尊严，“贵”跟“富”不见得就成正比。

宝盖头的字还有殷实的“实”字。“实”的繁体字（實），是宝盖头下面加一贯的“贯”。“贯”就是个古代穿铜钱的钱串子，一贯钱就是一串钱。一贯一贯的钱，都在屋顶底下，那还不叫殷实吗？

跟这个相同的还有宝贝的“宝”字。《说文解字》上说：“寶（宝），珍也，从宀从王从貝，缶声。”（）繁体字的“寶”，里面就是含着宝贝的。在简化字里，“宝”就变成了屋顶底下藏着一块美玉。其实，简化字是为了让大家使用起来更加简单，但在简化的过程中都是有依据的，它在字形字义上遵行的一定是规矩老理。

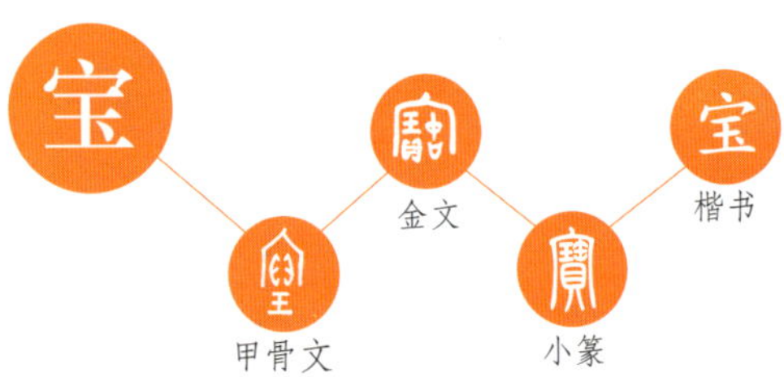

家里头殷实了，有宝贝了，有财富了，就得有人守住。“守”（）字下面的这个“寸”，在象形字里就是一只手，屋顶底下有手把持住为“守”。《说文解字》上说得好，“寸，

家里真要守住的，是忠厚的人品和读书知礼，这样才能传家继世。

——于丹心语

法度也”，家里头真正要守的不是财物，而是规矩。用今天的话讲，一个家真正能守得住的，是家教和门风。过年的时候，农村贴得最多的一副对联是“忠厚传家久，诗书继世长”。家里真要守住的，是忠厚的人品和读书知礼，这样才能传家继世。

《论语·卫灵公》里有一句话，叫作“知及之，仁不能守之，虽得之，必失之”。这句话的意思是，小到家中的财宝，大到社稷江山，仅仅凭着智力上的算计，你可以把它拿到手里，但如果没有仁爱、忠厚之德去守它的话，“虽得之，必失之”，早晚也会丢掉。

中国人讲缘分，从情感到职位，到你遇见、得到的一切东西，都有缘有分。相遇是缘，相守是分，有缘得到，不见得就有德行守住。要想长长久久，就要有宝盖头下面的这只手，把持标准守得住。

明代大哲学家王阳明先生，是心学的创始人。其实，阳明是他的号，他本名叫王守仁。而他出生之后，祖父给他起名叫王云，五岁的时候，又给他改名为守仁。“守仁”二字，就是取自《论语·卫灵公》中的这段话。

人真正能守住的就是仁爱，一个家庭得有执守的标准，才能和谐长久。守不住的话，家就容易乱，也就有了祸害的“害”字。“害”（  ）也是宝盖头，《说文解字》上对这个字的解释为“伤也，从宀从口，言从家起也”。什么叫“言从家起”呢？就是伤害的言语绝大多数是从家里起来的。邻里纠纷，都是两家人之间相互骂架。也许最初就是两家的孩子闹着玩打起来了，接着两家的妈妈出来对骂，等到两家的爸爸出来，那就要动手了。所以，家里面的祸害，都是邻里之间传来传去、言语不和造成的。在家里管好自己的这张嘴，家人之间就不会起冲突，邻里之间也能和和顺顺。

一个家庭能否守住忠厚传家的家规和门风，还要看这家人对祖先是否恭敬，是否遵守宗法。祖宗的“宗”（  ）字，《说文解字》上解释为“尊祖庙也”。从字形上看这个“宗”字，就是屋顶底下供一个牌位。下面是指示的“示”字，“示”字上面的横象征苍天，下面这三竖象征日月星辰。也就是说，苍天在上，朝朝的光明照耀到人家里。古代的家庭，客堂正中都供奉着祖宗的牌位。今天的我们走出宗法社会了，来到了公民社会，有了更完备的社会制度，但是我们的宗法还在吗？一个屋顶底下的规矩还在吗？这其实才是家里最重要的东西。

通过以上这些宀字头的字，我们再用今天的眼光来看，家庭就是一门关系学。家不仅仅是一座房子，而且是各种关系的所在。家和，“和”的是关系。现代心理学中讲，在一个私密空间里，人最应该处理好的核心关系有三种，都有一个“亲”字，即亲子关系、亲密关系、亲己关系。不同于过去四世同堂式的大家庭，现代的家庭里人口变少了，但同样存在这三种关系。

首先，长辈跟晚辈是亲子关系。对孩子，怎么样才不算过分宠爱呢？我们来看“宠”字，宀字头底下加一个“龙”字。其实，这个“龙”字，不管是繁体字还是简体字，在造字上是一样的。“宠，尊居也。”（）自古以来，龙就是中国人倍加尊崇的神物，龙住的房子，自然尊贵至极！父母长辈

为什么会宠孩子呢？就是因为我们都有一颗望子成龙的心，希望孩子就是这房子里的龙，所以就把这龙子龙孙抬到了最受宠爱的位置。其实，孩子可以宠爱，但不能溺爱，要“宠而不溺”，这样才能让孩子在规矩中成长。

再来说亲密关系，夫妻是构建家庭的基础成员，两个人都在各自原来的家庭里，以孩子的身份生活了二三十年，然后走到一起，重新组建一个新的家庭，原有的观念、习惯不一定就全部默契合拍。有冲突的时候怎么办？这考验着夫妻的智慧。

还有一种最容易被人忽略的关系，就是亲己关系。一个人最难认清的是自己，随着外在环境的变化，自己在成长。在不同年龄、不同职位、不同状态下，你的周围都有不同关系，你与这个世界连接着一条一条的线，编织成一张密密麻麻的网。网的中心是你自己，那么，你能认识自我吗？你有自我反省的能力吗？

我们要想和谐处理亲子关系、亲密关系、亲己关系，还要回到汉字里去找答案，看一看汉字里是怎么界定家庭各个成员的。

一个家庭最重要的角色，也是封建社会很看重的，就是父亲。父亲的“父”字，其实就是父字头的那个字头，《说文解字》上说：“父，矩也。家长率教者。从又举杖。”（）父亲意味着规矩，这个一家之长，手中举着权杖。父字头下边加个“斤”，就是一个工具。在原始部落时代，斧子是部落里男性首领用来分配猎物的工具。打到的猎物不够分，怎么办？就由部落首领用斧子给每个小家庭、每个人去公正分配。也就是说，斧子是用来公正分配的工具。进入封建社会后，王侯手中有大型的斧钺作为权力的标志，而普通的斧子就是一家之长的象征。所以，“父”就是执杖的人，他在家里要有绝对的公平力，要把持住家庭的规矩，他身上所体现的就是门风。我们今天会觉得，父亲就应该是挣钱的人，父亲就应该是花钱的人，财富的赚取和支配好像就是整个家庭关系了。那么，规矩到底在哪儿？其实，“父”字的由来就能让我们知道，标杆应该在父亲的人格里。

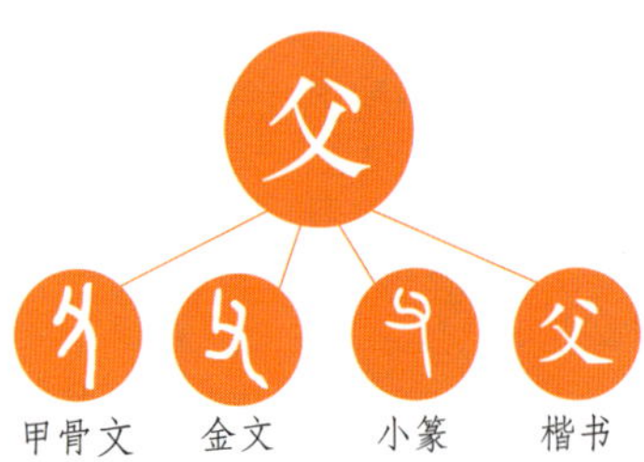

在过去的大家庭里，有很多兄弟姐妹，女孩子往往没有地位，所以姐妹之间没有太多讲究，但是“兄”和“弟”这两个字是有讲究的。什么叫作兄长？“兄”（）字很简单，下面这个“儿”其实就是个小人，上面顶着一张嘴。《说文解字》上说：“兄，长也。从儿从口。”也就是说，兄长就是家里有资格开口说话的孩子。祭祀祖先的时候，负责祷告的那个一定是家中的长子，只有他能够对祖先说话。长兄如父，做大哥的要继承父亲的道德标准，因为他有用嘴去教育、引导弟弟妹妹的权利和义务。合格的兄长，说的一定得是正话，上不愧于天，下不怍于人，对祖先、对父母、对弟妹，都能够坦坦荡荡说出一番道理。在社会上，一群哥们儿朋友之间，最受尊敬的那个一般被大家尊称为大哥。大哥不一定是年龄最长的那个人，而一定是威望最高的人，一言九鼎、公正公平，让大家服气，为大家拿主意。

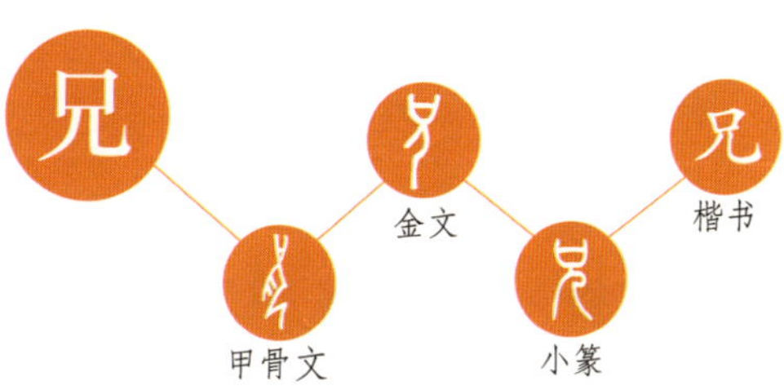

再来说弟弟的“弟”（），它在古字里面，通假孝悌之义的“悌”，也通假次第的“第”。也就是说，做弟弟的人，就是按照次序去听从、跟随自己的兄长。在普通的家庭中，兄弟之间是大的带小的。大哥有出息，念书念得好，弟弟们学着哥哥的样子，念书做人也不会差。

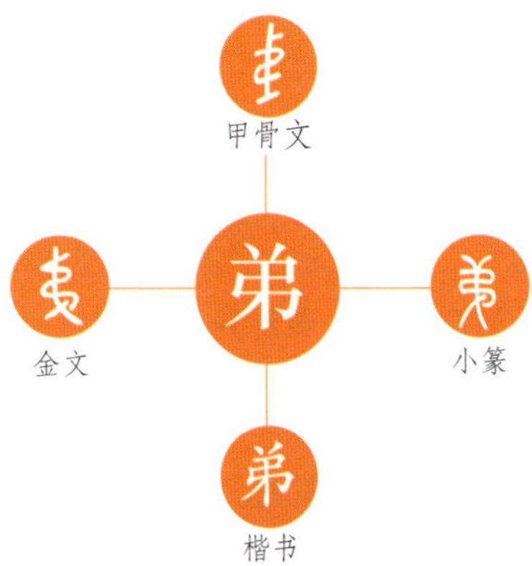

过去的家庭里孩子多，哥哥姐姐们是要帮父母拉扯弟弟妹妹的。“拉扯”真是一个特别形象的词，两个字都是提手旁。可以想象一下，这一家孩子，大的带小的，左手拉一个，右手扯一个，后头还有两个跟着跑，大家拉着扯着就长大了。现在的家庭，基本都是独生子女，大多是被供奉着长大的，因为就一个孩子，舍不得拉扯了，也没机会拉扯了，没有机会去体会兄弟姐妹之间的那份情谊了。

孝悌，对上为“孝”，平辈为“悌”。“孝悌”这两个字，在中国的家庭伦理中有着重大的意义。《论语·学而》中，有子说了这样一段话：“其为人也孝悌，而好犯上者，鲜矣；不好犯上而好作乱者，未之有也。君子务本，本立而道生。孝悌也者，其为人之本欤？”这一段话的意思是，在家里就能够对长辈尊敬、对兄弟友善的人，很少有犯上作乱的想法；没有犯上作乱的想法，那他从家里到社会，都不会制造多大的祸害。一个真君子的生命人格要从本质上建立“正”道，根本之道建立了，做人的原则也就有了。就像一棵树，只有根子扎得深，才能枝繁叶茂。人性的根本就在于家庭伦理，他是不是孝敬长辈、对兄弟友善，也决定了他在社会之中的作为。

家庭关系的第二种为亲密关系，也就是夫妻关系，不妨从“男女”这两个字来看一看夫妻关系和谐的秘诀。

“男，丈夫也，从田从力，言男用力于田也。”（）这个“男”字太形象了，上面一块田地，下面要花力气。手拿着农具耕田，这就是男人，所以男人是要承担责任的。

农耕文明时期，要干田里的活儿；到了都市化的时候，就得干城市里的活儿。耕田时，男人手里要拿着干活的工具；工作时，男人身上要有干事业的本领。手里不拿工具，不去劳作养家，叫“游手好闲”，这样的男人不是合格的“丈夫”。

“丈”（），十尺为丈，言其高大。“夫”（）就是头上横着簪子的成年人，所以《说文解字》上讲：“夫，丈夫也，从大，一以象簪也。周制以八寸为尺，十尺为丈。人长八尺，故曰丈夫。”长成一个身形高大的成年男子，已经可以在头上插簪子行成人礼了，也就是说，人已经长成了，这叫作“丈夫”。

一个男人人格高大磊落，人们会尊称为“大丈夫”。那么，什么才叫大丈夫呢？孟子曾经说：“富贵不能淫，贫贱不能移，威武不能屈，此之谓大丈夫。”光身高达标还不行，一个男人心中要有磊落稳定的做人观念。不管多么富贵都不会乱来，不管多么贫贱都不放弃原则，不管面对多大的压力都不会放下尊严去屈就，这样就叫作“大丈夫”。

对于男子气概的定义，其实是价值观上的要求，而不是身形、身量上的外在表现。苏东坡讲：“一点浩然气，千里快哉风。”一个人静的时候眉宇轩昂，有天地浩然之气，以养胸次之中，而行动的时候勇猛精进，乘风千里，快意人生。这也是一种丈夫气。

透过一个“男”字和“丈夫”二字，我们在汉字里找到了衡量男人的标准，下面再来看看“女”字。“女”的字形（），段玉裁《说文解字注》中说：“盖象其掩敛自守之状。”这个“女”字，就是一个跪坐的双臂相交于前的女子，她的双手有可能是在干活，也可能表示柔顺的态度。所以，在传统的封建道德中，“妇，服也”，一个贤妻良母，只要她恭顺、听从丈夫的，就叫守妇德了。

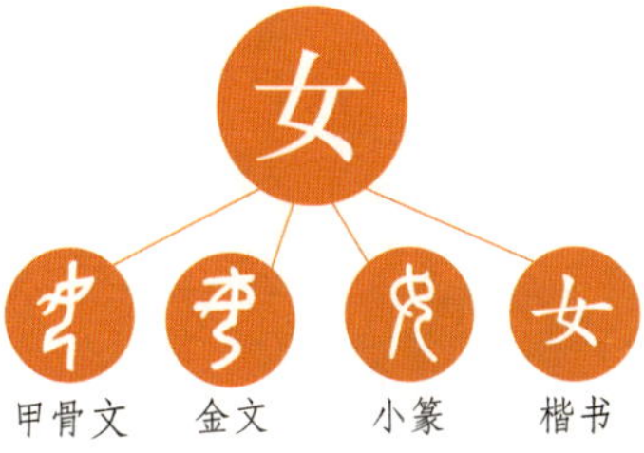

一个男人人格高大磊落，人们会尊称为『大丈夫』。

——于丹心语

"女"字跟母亲的"母"()字，在古文字中是非常像的。"母"的简体字，上下字框里的这两点，在古文字里是横过来的。从字形上看，"母"字还是一个跪坐的女人，只不过横着的这两个点，表示她有乳房，可以哺育婴儿。可以哺乳的女人为母亲，强调出来的"象乳子也"，就是她的乳房。其实，这也是自古以来对于母亲职责的界定，要生要养，生出的孩子只有自己去喂养，才能够好好地长大。当然，在物质条件匮乏的古代，一般家庭请不起奶妈，也没有奶粉可以替代母乳，所以只能以母乳喂养。但是，母亲喂孩子母乳，这就是"母"的本义呀！

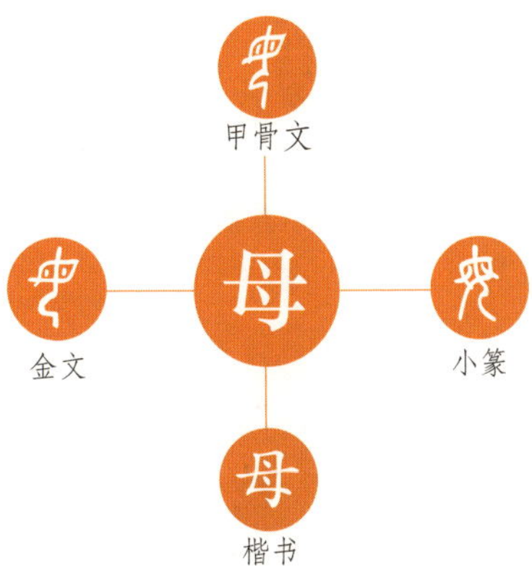

再来看看妻子的"妻"（  ），还是一个跪坐的女人，

只不过她正在梳妆，中间的这只手在抚摩女子的长发。有考据说，这象征了最早抢亲的传统，有很多女子都是被外面这样一只手抢婚抢到另外一个部落的。也有一种说法是，能够让丈夫的手抚摩她的头发，有这样的亲密行为，两个人就是夫妻关系。恋人之间，摸摸头、拍拍头，安慰一下，是很平常的行为，但相处了十年二十年三十年的夫妻，还有这种亲密的接触吗？丈夫经常抚摩妻子的头发，这可能是中国人表达爱情的动作，一个既内敛又温情的动作。中国人也许没有那么多拥抱和亲吻，但是抚摩头发这个温馨的动作，就是夫妻之间的原本关系。

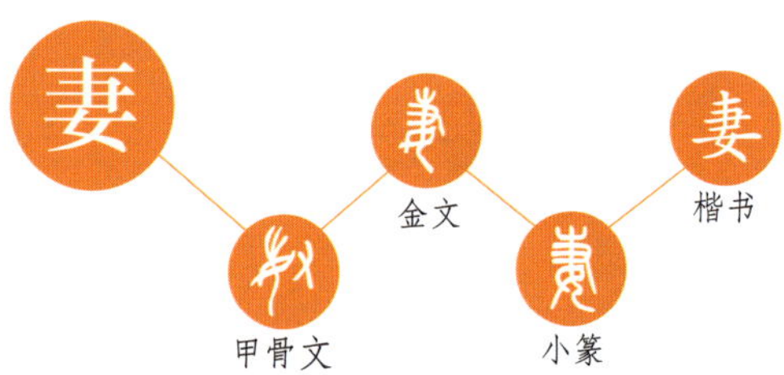

在几千年的封建社会中，女人地位一直不高，处于屈从的位置。过去讲女孩子出嫁（），叫“之子于归，宜其室家”，归于夫家是出嫁，出嫁之前的十六七年是寄养在父母家的，什么时候嫁到丈夫家里，才算真正回到了自己的归属

中。过去生了男孩叫“弄璋之喜”，家里得到一块宝玉；生了女孩也算个喜事，但就是个“弄瓦之喜”。当然，母系氏族社会的遗留，让我们的汉字里面有好多称谓是带女字旁的，比如奶奶、姥姥、妈妈、姨妈、姐妹、女婿、姑嫂，包括婚姻。姓氏的“姓”字也是女字旁，这都跟姻亲关系、母系氏族的传统遗留有关。

还有一些道德判断的字也是女字旁。“妇”字的繁体字“婦”，是女字旁加一个扫帚，洒扫庭院就是妇女的职责。当然，家里的卫生是人人都应该打扫的，这个家无论贵贱，总得有人打扫得干净整洁，这是自古以来的传统。

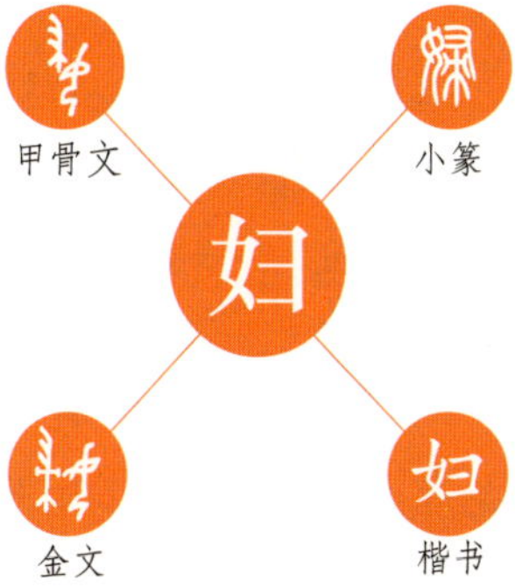

“好”字，按照简化字构成来看，有“女”有“子”就叫好。其实，“好”的古字不是这样，而是一个妇人怀抱幼子，

女抱子就叫“好”（）。所以，“好”的本义是指漂亮、美，是有道德标准的。“窈窕淑女，君子好逑”，这个“好”用的就是本义。女人要抱着孩子，要打扫卫生，尽她的本职。

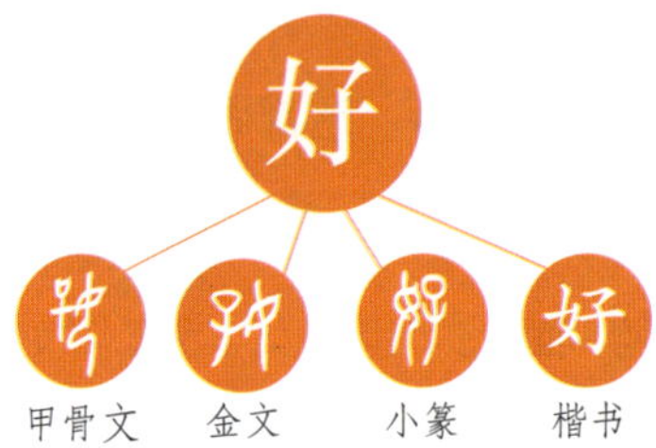

在古代，绝大多数女人既没有识字的条件，也没有经济上的独立，就只能依从男人和家庭。如果的“如”（），本身的意思就是依从。“女子从人者也”，这就是“如”的本义，所以才有“如夫人”这个说法。嫔妃、婢奴，这些字也都是女字旁的，体现的都是女人的依从地位。

还有委托的“委”（），“从女从禾”，这个字形就像禾苗垂下来的柔顺样子，象征一个女人。女子柔顺如禾穗，就叫作“委”，于是有委随、委婉、委身等词语，“委”字表达的是柔顺的状态。

通过以上这些字来看，在封建社会，地位上明显是男高女低的。甚至有好多从女的字是有贬义的，比如妄想的“妄”

（），《说文解字》上讲：“妄，乱也。”说话办事没有根据、原则，因为女人比较感性，容易受别人左右。甚至有的时候，社会上流传谣言，盲目轻信的有好多就是女人。听说闹盐荒了就去抢购盐，听说黄金涨价了就一窝蜂去买黄金，确实还是女人多一些。

贪婪的“婪”（），“婪，贪也，从女林声”。“婪”字，上面是树林的“林”，下面一个“女”，就是男人希望自己的女人多得像树林似的，这就叫“贪婪”。贪官贪官，手里有权力的人，更容易暴露贪婪的本性。贪官不仅贪财，还往往贪色，其实这就是“贪”和“婪”的本义，“贪”字从贝，“婪”字从女。既希望钱多，也希望女人多，就是贪婪。

从女字旁的贬义词还有“嫉妒”，嫉妒的本义是“争色也”，比谁长得漂亮，这样的心态就是嫉妒。还有奸诈的“奸”字，也是从女的。

怎么样能够让这些原来跟女字相关的贬义字，在现代人的观念里改一改呢？现代社会，无论是在读书还是工作中，男女比例已经差不多了，但是女人的心性是不是也随着社会地位上升了呢？也就是说，汉字表现了传统的观念，走到今天有些东西是要进步的，但有些进步是要传承的。

在家这个屋顶底下，很多观念其实还有核心价值保存下来，比如《三字经》《弟子规》[1]，这都是关于家教门风最早的教材。《三字经》上说："人之初，性本善；性相近，习相远；苟不教，性乃迁；教之道，贵以专。"人本性中的善良都是相近的，一个家庭看重什么价值观，有什么样的规矩，有什么样的习惯，就会逐渐逐渐地传递给孩子。

"昔孟母，择邻处；子不学，断机杼。"孟子年少的时候，家住在墓地附近，经常看到别人办丧事，孟子就跟着学。孟母觉得这个地方对儿子的成长不利，于是就搬家到市场附近居住下来。可是，孟子在市场上学商人做买卖。孟母又觉得这个地方也不适合儿子，于是搬迁到书院旁边住下来。受书院气氛的熏陶，孟子用功读书，孟母觉得这才是最适合儿子的地方，于是就在此处定居下来。现在很多人家，父母在客厅打麻将，把孩子关在书房，让孩子独自学习看书，可想而知，这样的效果一定不会好。

《三字经》是讲家里面的风气，教孩子从小识大体。"三

---

1 《弟子规》，原名《训蒙文》，为清朝康熙年间秀才李毓秀所作，详细列述弟子在家、出外、待人、接物与学习上应当恪守的守则规范，后经清朝贾存仁修订改编，易名《弟子规》。

才者，天地人；三光者，日月星；三纲者，君臣义，父子亲，夫妇顺。”所谓“三纲”，即君为臣纲，父为子纲，夫为妻纲，“纲”就是表率的意思。

现代社会中，君臣关系不存在了，但是在任何一个单位、公司里，都有上级下级，都有职业准则。上级要给下级做表率，起带头作用；下级要尊敬上级，对公司有最起码的职业忠诚。这是“君为臣纲”的现代阐释。

今天的父子之间，没有过去那么严格的尊卑差别，但基本的辈分尊重还是应该有的。有很多人说，我们家可民主了，孩子拍着老爸的肩膀叫哥们儿，甚至直呼其名。中国家庭中的亲密关系，往往是在规矩中的亲密。这种规矩，不是给人带来外在的森严和紧张，反而是让家庭有一种稳定的缔结，这就是“父为子纲”。

“夫为妻纲”，夫妇之间的和顺，在现代婚姻里，也应该有新的理解。人的想法越来越多，自我的位置都越来越重要，谁去承担责任？男女的分工不像过去那么明确了，夫妻之间能相互理解、包容吗？

在一个家庭里，亲子、亲密和亲己这三重关系不容易理顺，也许汉字本初的含义，对家庭关系的和谐，对孩子观念的成长，还是有所裨益的。

《弟子规》一开头就说：“弟子规，圣人训；首孝悌，次谨信；泛爱众，而亲仁；有余力，则学文。”首先就是“入则孝，出则悌”，有孝悌之义；其次是要言语谨慎、行为守信；再次是博爱众生，亲近仁义道德之人；最后是如果以上这些都做到了，还有时间和精力，那就学点书本上的知识。现在的孩子，往往是从幼儿园到大学，甚至读到了博士，读了十几年书，学的都是书本上的知识，对孝悌谨信、爱众亲仁的学习相对欠缺，还得补补课。

这个补课，不是让孩子毕恭毕敬地听家长的训斥，而是一种对伦理规矩、礼义道德的学习、接纳。有时候，它是一个生命尊严从家庭中的自我唤醒。早上出门前照照镜子，人的衣装一定得是整齐干净的。“冠必正，纽必结；袜与履，俱紧切”“对饮食，勿拣择”“步从容，立端正”，这些都是对孩子日常生活习惯的要求，帽子要戴得端端正正，纽扣要一颗颗系上，袜子穿好，鞋带系紧，即使时间再紧，也不能衣服没穿好，手里抓着面包，不跟大人打招呼就跑出去了。小孩子吃饭，不能拿着筷子翻翻拣拣，把爱吃的都吃了，这在中国人的家教里是不允许的。出门在外，一个人的步态应该从容不紊，站立时要端正身子。

一个孩子，要怎么去做才是有恭敬之心呢？“执虚器，如执盈；入虚室，如有人”，就算拿的是一个空盘子空碗，也要像里面有东西一样，端端正正地捧着；即使进到一个空屋子里，也要像有人一样毕恭毕敬，不可随意喧哗。做任何事情都要有一份恭敬之心，从家里开始，再到社会上，这就是公民道德的起点。

“房室清，墙壁净；几案洁，笔砚正；墨磨偏，心不端；字不敬，心先病”，这几句是教小孩怎么读书写字的。首先对写字的环境提出要求，房间要整洁，墙壁要干净，书桌要清洁，笔墨要整齐。墨磨偏了，说明心思不正；字不工整，说明心不端正。在古代，其实没有什么职业书法家，但是把写字视为对心性的训练。书为心画，有什么样的人品，自然就写出什么样的字来。

所以，要让孩子们学习汉字、理解汉字，在方方正正的汉字下，端端正正地立下做人的信念，这也许就是家教的起点。是非的“是”（），上面是“日”，下面是“正”。什么时候太阳的光影最短？是正午时分。正午的太阳高高地照在身上，投下的影子，仅仅能够看见自己的双脚。常用的

词语有“如日中天”。正午时分就叫作“是”。陶渊明说：“悟已往之不谏，知来者之可追。实迷途其未远，觉今是而昨非。”知道我今天做对了，而过去做错了，就是是与非的对比。“是”就是对了，有光明在正午照在身上，这样的时刻就叫作对了。

家教和门风，学则可以成圣，不学则无以成人。中国人的圣贤理想是一脉相传的，学习就是一个光明所在。所以，伦理规矩教育的起点，是从家庭开始的。在一个知识越来越丰富的时代里，还是要记住这句古训——家和万事兴。希望我们在未来的日子，仍然不失去中国人的家教和门风！

---

[1]

观沧海

三国　曹操

东临碣石，以观沧海。
水何澹澹，山岛竦峙。
树木丛生，百草丰茂。
秋风萧瑟，洪波涌起。

日月之行，若出其中；

星汉灿烂，若出其里。

幸甚至哉，歌以咏志。

[2]

登楼

唐　杜甫

花近高楼伤客心，万方多难此登临。

锦江春色来天地，玉垒浮云变古今。

北极朝廷终不改，西山寇盗莫相侵。

可怜后主还祠庙，日暮聊为梁甫吟。

农耕的法则

在农耕的法则之下，中华民族繁衍不息；在汉字的演变中，田字旁、雨字头、米字旁为我们勾画了一幅农耕长卷。为什么从力的字多为褒义？为什么雨字头决定了一年四季天空、大地的面貌？为什么米字旁里有是非的观念？这一切跟四时有关，跟土地有关，跟伦理有关，跟农耕有关。当我们循着偏旁部首走回去，也许就触摸到了温暖朴素的农耕文明。

農耕的法則

管峻書

自古以来，中国就是个农耕大国。即使是到了都市化、城镇化的今天，农民还占中国人口的大多数，农业在国民生活中仍然有着举足轻重的作用。所以，我们还应该回望过去，从头看看“农”字对中国人到底意味着什么。

《说文解字》上讲：“农，耕也。”（ ）“农”[1]的甲骨文字形，上面像是树林的“林”；到了小篆字体中，“林”就演化成了田地的“田”。其实，在人类进化的过程中，从山林走向田野，农耕文明应运而生，由“林”到“田”的变化就代表了这样的一个过程。《汉书·食货志》上说：“辟土殖谷曰农。”开辟土地，种植谷物，这个过程就叫农耕。

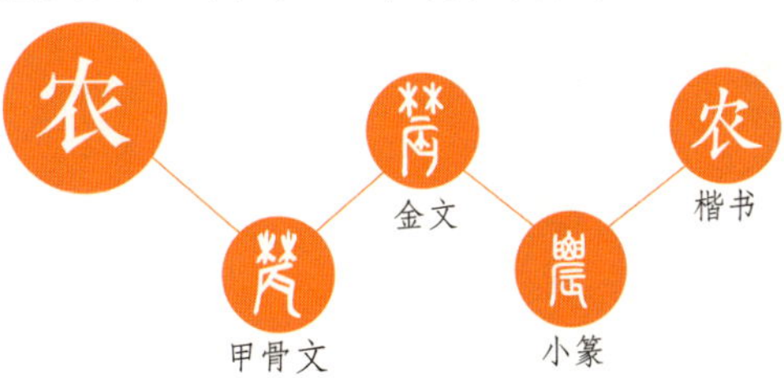

1　“农”字字形变化：甲骨文（ ）—小篆（ ）—隶书（农）。

而无论是甲骨文还是小篆，“农”字的下面都是时辰的“辰”字，即使是繁体字的“農”，也还有这个“辰”字。那么，“农”字里面为什么会有“辰”呢？这就需要我们从“辰”的本初意义上来了解。

“辰”（）这个字，甲骨文（）画得惟妙惟肖，其实它就是一个大蚌壳，可以用来当劳动工具。这么一个扁平的东西，用来除草就很方便。“辰”的小篆字体，看着就像经过加工的农具了。由此来看，“辰”的本义，就是用蚌壳磨出来的农具去除草。当然，在金属农具产生以后，“辰”就失去它的本义了。

后来，“辰”字就变成了时间计量单位。“子丑寅卯，

辰巳午未”，“辰”在十二地支[1]里排第五位。古人把一天分为十二个时辰，从凌晨子时开始，每个时辰等于两个小时，辰时是从早晨七点到九点这段时间。《说文解字》上讲：“辰，震也。”它是震动（震、振在古时通用）的意思，“三月，阳气动，雷电振，民农时也，物皆生”。阳春三月，大地阳气震动，雷电初发，是讲有震动，农耕逢时，万物皆生。

这是一个多吉祥、多有生命力的字啊！段玉裁的《说文解字注》上讲：“凡从辰之字，皆有动意。”所以跟“辰”相配的字，都有活动、振动的意思。比如早晨的“晨”字，就是太阳底下，从辰声。其实在甲骨文和小篆字体中，“晨”字的上面还不是一个太阳，是两只手。（  ）上面是双手，下面是农具，要到田里干活了，这就是“晨”。所以古人有“日出而作，日入而息”这样的说法。一日之计在于晨，早晨的时光，该去干活了，该去上班了，该去上学了，最好不要在这个时刻还赖在床上。

“辰”字加上一个提手旁，就是振奋的“振”。据《说文解字》上讲，其实“振”与“奋”有同样的意思，表示的

1 “十天干”：甲乙丙丁戊己庚辛壬癸；“十二地支”：子丑寅卯辰巳午未申酉戌亥。二者按照固定的顺序依次相配，组成了我国古代的干支历法。

都是一种昂扬的状态和动作，比如振翅奋飞。

震动的“震”，从雨字头，《说文解字》上讲：“霹雳，振物者。”天空中的霹雳打下来，带来巨大的颤动，这叫作“震”。“地震”一词，其实用的就是“震”的本义，巨大的震动之意。

如果说最大的“震”是地震，那最小、最浪漫、最温馨的“震”是什么呢？我们把女人怀孕分娩的过程叫“妊娠”，这个“娠”字，就是女字旁加时辰的“辰”。《说文解字》上讲：“娠，女妊身动也。”（）当妈妈的人都知道，怀孕中最喜悦的时刻，就是第一次轻微地感觉到胎儿在肚子里面动了一下，那一动轻得好像蝴蝶振翅，若有若无。十月怀胎，从胎儿第一次轻微的胎动到分娩，这个过程，是女人最大的喜悦和期待。

从“震”到“娠”，从胎儿的轻微胎动到天地之间的震动，都跟“辰”字有关。那么，再回到“农”字，下面从“辰”，上面不管是“林”还是“田”，还是演化到繁体字上面这个曲折的“曲”，一直到今天简化字的“农”，其实都跟二十四节气有关。所以，我们有个成语叫“不违农时”。

《孟子·梁惠王上》中写道：“不违农时，谷不可胜食也。”只要按照时辰及时进行耕作，粮食就会丰收，吃都吃不完。不违农时，每个时节做什么都是有规矩的。大家所熟知的《二十四节气歌》：

春雨惊春清谷天，
夏满芒夏暑相连。
秋处露秋寒霜降，
冬雪雪冬小大寒。

三月二十一日前后是春分，太阳直射赤道，所以昼夜等长。夏天最大的节气是六月二十二日前后的夏至，阳光直射到北回归线，白天最长、黑夜最短。九月二十三日前后是秋分，太阳重新回到赤道，昼夜又变成等长。十二月二十二日前后是冬至，太阳直射南回归线，白天最短、黑夜最长。春夏秋冬就以这样的节奏，年复一年地循环，这就是农耕的时令法则。

中国的农耕文明不仅追求顺应天时，还讲究因地制宜，不同的土地耕种不同的作物，尊重大地，严守规则，谋求从人际到环境的和谐。《夏小正》是中国现存最早的一部汉族农事历书，通常认为此书成于战国时期，也有人说它是夏代的历法。这部书，把天时、物候、气象、农事结合在了一起，二十四节气从那个时候就基本上形成了。

中国传统节日有一个值得玩味之处，就是节日与节气合一。我们的很多节日，都含着节气的概念。清明，既是一个节气，也是一个节日。《岁时百问》中说："万物生长此时，皆清洁而明净，故谓之清明。"气清景明，种瓜种豆。同时，清明也是一个祭祀祖先的节日，唤起心中的恭敬肃穆、慎终追远。春夏秋冬，每一季都有孟、仲、季三个月，"孟"是第一个月，"仲"是第二个月，"季"是第三个月。所以，农历的八月为"仲秋"，民间称为"中秋"。八月十五这一天，月亮最圆满，江河潮汐涌动最旺盛，而人在这个时候思归团圆，即为中秋节。

节日与节气的合一，构成了中国传统节日，这和西方有很大不同。西方的节日，大多是人向天上下来的神致敬的节日；中国的节日多是从大地里长出来的，是人的规矩和天时的默契。天上下来的节日和地下长起的节气，也许就构成了东西方文明本初的差别。只有认知了差别，才能够完成沟通和对话。对于大地的认同，对于大地的归顺，对于大地的致敬，构成了中国农民（也叫庄稼人）最初的信念。

中国人怎么说庄稼这件事呢？"夫稼，为之者人也，生

对于大地的认同，对于大地的归顺，对于大地的致敬，构成了中国农民（也叫庄稼人）最初的信念。

——于丹心语

之者地也，养之者天也……是故得时之稼兴，失时之稼约。”这段话出自《吕氏春秋·审时》[1]。人得顺应天时，庄稼才能长得好；要是失时的话，庄稼自然就长不好。天地之间是人在做事，顺天应时，因地制宜，以农为本，以和为贵，这就是庄稼人从土地里学到的天地大道。所以，如何才能丰收？不是要用尽人的心思去跟庄稼较劲儿，而是利用种群相生相克、互利互生去间作套作，这样才能够体现厚德载物之道。大地上不同的水土，适合不同的作物。我国的西南部有很多梯田，北方有游牧文化，江南有圩田，还有养蚕文化、种茶文化。

关于中国，我们从小就学到一个词，叫“地大物博”。中国有广袤辽阔的土地，有黑土地，有黄土地，有红土地，甚至还有盐碱地。但光面积大不算本事，中国真正了不起的，就是连盐碱地也能长庄稼，因地制宜，平实和谐。在这种敬畏之心里，就掌握了土地的节奏。所以在原始时期，有对上天的祝祷，有祈雨的仪式，有应和农时的大量仪式。

1 《吕氏春秋》，又称《吕览》，由战国末期秦国吕不韦主持编纂，分为十二纪、八览、六论，共二十六卷，一百六十篇，以道家思想为主干，融合儒、墨、法、兵、农、纵横、阴阳家等各家学说。《审时》与《上农》《任地》《辩土》都是专门论述传统农学的著述。

关于耕种，还有个词叫“休养生息”，大地有时要休耕，渔民有时要休渔，不可能一年四季都在向大自然无止无休地索要。休耕、休渔、休猎，反映了人与天地自然的和谐相处，不可能无止无休地掠夺。无论科技进步到什么样的程度，中国农民精神世界里都守着那片天真与安分，不应该借助现代技术而变得狂妄和贪婪。

中国人的天真和安分，表现在哪些方面呢？《老子》里说：“甘其食，美其服，安其居，乐其俗。”吃什么都觉得香，穿什么都觉得漂亮，住的房子自己心安，能在风俗里面得到快乐，总之，能把眼下的小日子过出趣味来，就是中国人快乐的田园生活。只有中国有这么有趣的字，“田”（  ）和“园”（  ）这两个字，都是有边界、有规矩的字。

田园不是一个地方，而是一种状态，只要人心中怀有纯朴情愫，把诗意渗透到纯朴的生活中，就是田园。所以孟浩然在《过故人庄》[1]中说：“故人具鸡黍，邀我至田家。”老朋友有新打的小米，有新宰的鸡，过来吧，两个人喝一杯吧。

1　孟浩然，唐代著名诗人，山水田园诗派的代表，与王维并称“王孟”。《过故人庄》描述了作者拜访老友时感受到田居生活的惬意。元朝方回在《瀛奎律髓》中称：“此诗句句自然，无刻画之迹。”

过来了以后聊什么话题呢？看一看“绿树村边合，青山郭外斜”；在这样的地方，“开轩面场圃，把酒话桑麻”，聊聊庄稼收成；临走的时候相约，“待到重阳日，还来就菊花”，等到重阳菊花开的时候，咱们老哥俩再喝一盅。这是农民生活的常态，也是诗人心中的田园。

田园不见得要多么奢侈，陶渊明说得好，“守拙归园田”。这样的境界，今天的人们为何达不到呢？因为我们太喜欢工巧，而不喜欢那点朴拙。陶渊明不仅仅有这份拙气，他还能够执守、坚守。一个守得住拙的人，才有回去的那条路，所以他有《归园田居》[1]。

田园还在今人的生活里吗？生活在都市里的人，不见得非要有别墅、有院子，才能享受到那份田园之乐，心里对于农耕生活的纯朴和天真有那么一点点眷恋，就够了。唯其纯朴，所以包容，如同《中庸》里所说：“万物并育而不相害，道并行而不相悖。”中国的农耕文明里面，大道各行一端，从来都没有那么多的相违相悖。“道不远人”，天地大道，温暖朴素，就存在于我们的生活之中。如同《周易》中所说的“与四时合其序”，春夏秋冬，节序就等于生命的秩序。

民以食为天，粮食的“食”字，我们来看看它最初的字

只要人心中怀有纯朴情愫，把诗意渗透到纯朴的生活中，就是田园。

——于丹心语

形（），写得多可爱呀，下边是个谷仓，一个殷实的大缸里面装满了各式各样的粮食。其实，什么叫丰收？就是谷仓里放满粮食。

即使的“即”（）和既然的“既”（），左半边都是食字旁，表示有粮食、有吃的。两个字的右边不同，即刻、即兴、即席的“即”，就是一个人来吃了，有靠近的意思，所以才有个词叫“若即若离”，好像很近，又好像不太近。而吃饱的那个人把头转过去了，那叫“既然”。我们今天有个词叫“既得利益”，就是已经得到的利益。其实，“即”和“既”这两个字，就是面对眼前的这点粮食、这点吃的东西，到底是得到还是没得到的区别。

民以食为天，很多字都跟谷仓是否丰盈相关。《管子·牧民》[1]中说：“仓廪实则知礼节，衣食足则知荣辱。”一年四季，春生夏长、秋收冬藏，都是围绕着粮食而动的。

一年之计在于春，《说文解字》上讲得意味深长：“春，推也。”（）春天就是大地阳气蒸腾，推动万物生长的那个开始。一个小孩子，要抓住一年的大好春光去立志读书；一个人在春天要去远行，他要有一年的计划。所以，“春”的古文字字形，字头是从草木的。在甲骨文中，“春”的字形很复杂，简直就是一幅大地回春图（）。首先它上面有草字头，草木青青、万物复苏；下面从“屯”，种子破土发芽，这就是大地的面貌；而且下面还从“日”，太阳给大地温暖，万物才会欣欣向荣。这个复杂的字形里，包含了农民内心里以优美的形式向季节的致敬！

1　《管子》是先秦时期管仲学派的言论、学术汇编，是先秦诸子中最重视研究经济规律的著作。

这样一幅画，表现的就是春天的生机。许多诗人用这个“春”字表达一种生机和活力。唐朝诗人刘禹锡有句名诗：“沉舟侧畔千帆过，病树前头万木春。”万物生春，用的就是这种生机蓬勃的本义。中国人会随着季节气候来调整自己的生活，“沐春风而思飞扬，凌秋云而思浩荡”，春夏秋冬、节序如流，流淌过我们生命的时候，我们自身难道不变化吗？

有意思的是，“春”字下面再加两个“虫”字，就是蠢蠢欲动的“蠢”（  ）。蠢蠢的本义，其实是指惊蛰前后，小虫子爬出来蠕动的样子。春天孕育了所有的生命，它属于植物，属于动物，也属于人。中国的春天首先是属于农民的，是属于庄稼人的。庄稼人向春天要他的希望，撒下种子，其实就撒下了他对未来的希望。

相比于欧美人热衷于健身，中国人注重养生。“生”字的小篆字形（  ），就是土地上长出了新芽，《说文解字》上解释为“进也，象草木生出土上”。春天时，百草回芽，万物萌发，在饮食上，人们喜爱吃那些刚刚萌发出来的芽尖儿，比如香椿、春笋、荠菜；另外，柳树芽、杨树芽、花椒树芽等也都可以吃。香椿芽、柳叶尖，都不需要过火，用热水焯一下就可以，这些个尖芽带着春回大地的蓬勃生机。

庄稼人向春天要他的希望，撒下种子，其实就撒下了他对未来的希望。

——于丹心语

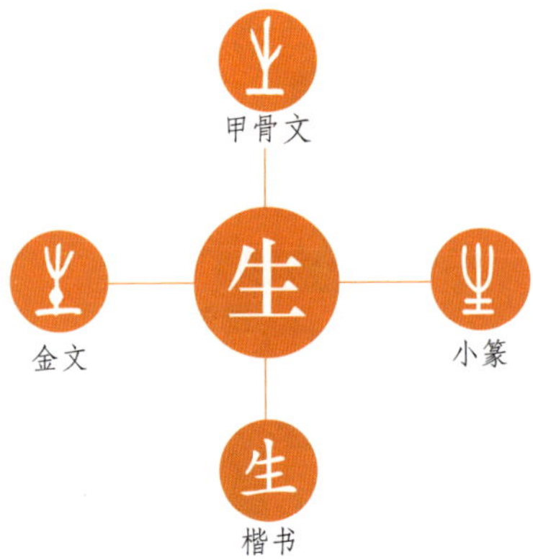

采茶大多在春天清明前后，因为这个时候采来的是茶的嫩芽！趁着晨露采回来鲜嫩的茶芽，在大铁锅里面炒一炒，断了生，马上就可以泡了。经过尽量简单的制作加工，以使氨基酸、维生素等得到最大限度的保留，同时还要尽量保留春茶里那种蓬勃的生气。

我们以春秋两季来指年序，比如说，请教老人家春秋几何，就是问老人家的年纪。孔子修订的鲁国编年体史书就叫《春秋》[1]。春秋两季最富于变化特征，你可以在春天看到树叶从无到有，看到小草一株一株地钻出土壤；秋天，你会看到树叶从绿色逐渐变黄，看到野草逐渐枯黄。而夏天、冬天

1 《春秋》，儒家的经书，记载了从鲁隐公元年（前 722 年）到鲁哀公十四年（前 481 年）的历史，也是中国现存最早的一部编年体史书。

相对稳定，万物变化不明显。所以，自古就有“女子怀春，男子悲秋”之言。看着大地的变化，想着生命的变化，诗意就在欣欣向荣的春光中萌发。

“天街小雨润如酥，草色遥看近却无。最是一年春好处，绝胜烟柳满皇都。”（唐·韩愈《早春呈水部张十八员外》）那点遥看近却无、欣欣萌动的绿色，不正是人心中朦胧美好的希望所在吗？初春小雨，点润着草木，“润如酥”这种神来之笔，今天的人们还能感受到吗？“日出江花红胜火，春来江水绿如蓝。”（唐·白居易《忆江南·江南好》[2]）我们还能如白居易那般时时感应到江南美景吗？我们今天还有心中那点“离恨恰如春草”（五代十国·李煜《清平乐·别来春半》[3]）的不舍吗？我们今天还能感应到“一江春水向东流”（五代十国·李煜《虞美人·春花秋月何时了》[4]）的忧愁吗？

如今的人们，大部分的时间都在房子里度过，上班时在不见天日的办公室格子间，下了班也闷在自己的房间里做宅男宅女，这样的生活，这样的我们，越来越远离了自然，远离了蓬勃的春天。其实，在一个春光明媚的周末，走出房间，走出城市，到郊外乡野去踏踏青，你立刻就能感应到体内逐渐外溢的生命活力，顿时仿佛年轻了几岁。这种美好，是美食、购物都不能带来的。走到四季流光之中，是人向土地致敬的最直接的方式。我们都会觉得好生活的成本越来越高了，但是有一些低成本的方式，却被我们日益忽略。有的时候，就是跟着节序走出去，一瞬间就贴近了中国的传统，也贴近了心中的诗意。

享受着蓬勃的春光，让内心的希望滋长，长着长着就入夏了。这个“夏”字更有意思，它的金文（）、小篆（），是多么复杂的字形。《说文解字》上给了“夏”字一个特别大气、堂皇的定义：“夏，中国之人也。”段玉裁《说文解字注》中对这句话解释道：“以别于北方狄、东北貉、南方蛮闽、西方羌、西南焦侥、东方夷也。”汉族于先秦时自称华夏族，“华夏子孙”即由来于此。孔颖达在《左传》的注疏里讲得最清楚，他说：“中国有礼仪之大，故称夏；有服章之美，谓之华。华夏，一也。”《尔雅》是训诂学的开山之作，是中国古代最早的词典。其《释诂》里面说：“夏……大也。”“夏”字就是大的意思，所以“安得广厦千万间”中的“厦”字，就是在“夏”外面加上了一个大大的支架，加上了一个建筑的外形，广大之屋为“厦”（）。中国很大，中国人很大，夏季很大，夏季的太阳很大，夏季的草木枝繁叶茂，一切蓬勃的生机都可以冠之以“大”。阳光之下，万物繁茂，大地丰美，一切都在蓬勃生长，这就是夏天了。

“夏”的古体字形，《说文解字》中说：“从夊从页从臼。臼，两手；夊，两足也。”夏天气温高，人们睡觉的时候，两手两足都露在外边，肚子上搭一块毛巾被就够了。

那么，夏天应该吃什么呢？正是因为那些大叶子绿油油地招展在阳光下，所以夏天就要吃叶子了。当然，过去的叶子菜上没有那么多的农药残留物，所以大可放心地吃。夏天时，人体内的阳气足，需要吃一些凉性食物，去平衡过剩的阳气，所以人们要喝绿豆汤败火，这就是一种养生调理。

再来看看秋天，“秋”（  ）字写得有意思，左边是禾苗的“禾”，右面是“火”。为什么秋天从火呢？很多人都知道，秋收之后，农民会在田地里烧秸秆，然后把柴灰当作肥料。烧秸秆的另一个作用就是烧死地里的虫子，而“禾”字的古体字形（  ），就像个小虫。《说文解字》上讲：“秋，禾谷熟也。”秋天是庄稼成熟的季节，也是农民收成的时节。春天是向上的姿态，新枝嫩叶，缤纷花朵，都向着天空，向着太阳；而到了秋天，果实、谷穗，都饱满得垂下头、弯下腰，向大地回归。

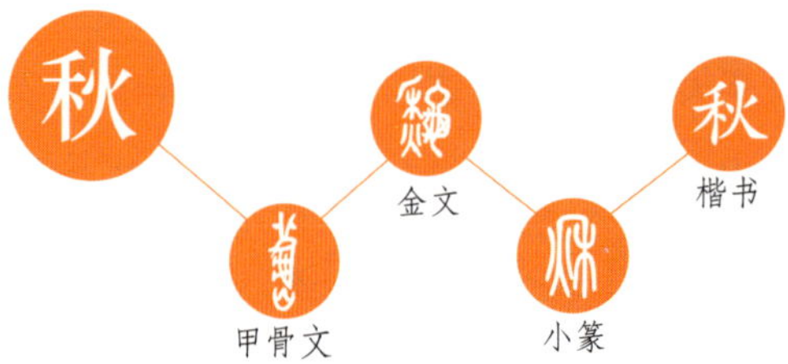

所谓“秋收”，讲的是土地庄稼的收获，秋天也是人生命往回收的时候。在中国古代，征兵是在秋天，很多人也把订婚、结婚的日子选在秋天。即使到现在，也往往把秋季作为财政年度的终季，作为一年最后的结算。所以，秋天这个时节，大地万物在归拢、收集。当各种作物的果实都收获时，人的饮食自然开始转向各种果实类食物。

“秋”字是从火，随着秋季的深入，阳气开始往下降了，逐渐走向寒冷的冬季。但是，整个夏天留给它的那点热烈还在，所以，人的穿着上是“春捂秋冻”。别看春天暖和了，大地留了一冬的寒气还没有散尽，别着急减衣服，捂一捂没坏处；深秋时节，别看万物萧瑟了，但阳气还足，稍微冻一冻也没关系。

秋天也是一个特别富于诗意的时节，“女伤春，士悲秋”。在春天的时节，总会有杜丽娘那样的女孩子，看到“原来姹紫嫣红开遍，似这般都付与断井颓垣。良辰美景奈何天，赏心乐事谁家院”[1]。到了秋天，就有宋玉这样的名士，会在《九辩》[2]中悲叹：“悲哉，秋之为气也。萧瑟兮，草木摇落而变衰。”大诗人杜甫一见秋风摇落，心中就起了感应：“摇落深知宋玉悲，风流儒雅亦吾师。怅望千秋一洒泪，萧条异代不同时。”（唐·杜甫《咏怀古迹五首·其二》）其实，“多情自古伤离别，更那堪冷落清秋节”（宋·柳永《雨霖铃·寒蝉凄切》[5]），最美的秋光里，总是有那么一点点隐隐的离恨别愁。“何处合成愁？离人心上秋”（宋·吴文英《唐多令·惜别》[6]），“秋”是一个多么有意味的字啊！心上的秋色隐隐地压下来，就是离恨别愁。人心牵绊处，往往起自清秋。春恨秋愁，这两个富于变化的时节，有太多太多有形之物熏染着、放大着你的心绪。

春天的愁是什么样子呢？北宋词人贺铸在《青玉案》[7]里说：“若问闲情都几许？一川烟草，满城风絮，梅子黄时雨。”你如果不知道这一点春愁是什么样子，就随我去看那迷迷茫

1　出自明代著名剧作家汤显祖的《牡丹亭》，与王实甫的《西厢记》、孔尚任的《桃花扇》、洪升的《长生殿》并称“中国四大古典戏剧”。

2　《九辩》，《楚辞》篇名，一首情感浓挚的长篇抒情诗，共二百五十多句。传为屈原所作，东汉文学家王逸定为战国时楚人宋玉所作。

『秋』是一个多么有意味的字啊！心上的秋色隐隐地压下来，就是离恨别愁。人心牵绊处，往往起自清秋。

——于丹心语

茫的烟草，那娉娉袅袅的风絮，还有天地之间淅淅沥沥的黄梅雨。这不就是春愁吗？而秋天，一切都在走向凋敝，“最是秋风管闲事，红他枫叶白人头”（清·赵翼《野步》[8]），枫叶红了，白发多了，一年的时光就这样走了。这不就是秋天带给人心上的颜色吗？

果实都收尽了，冬天就来临了。看看甲骨文的“冬”（）字，这不就是用来结绳记事的绳子的两头吗？《说文解字》上解得很清楚：“冬，四时尽也。”四季走到尽头了，很多事情也该有个终结了，所以“冬”字就是结绳记事时两头打的绳结。小篆的“冬”（），底下加了“”（冰）字，也就是滴水成冰的时候，即为冬天了。而简体字“冬”下面的两点也是冰纹。北方人形容天冷时有个形象的说法，叫“嘎嘎地冷”，其实冰冻的河面上嘎嘎地爆出来的冰纹就是“冬”字底下那两点。《黄帝内经》上说：“冬三月，此谓闭藏，水冰地坼，无扰乎阳，早卧晚起，必待日光。”冬季气候寒冷，是大地万物休眠闭藏的季节，也正是人体养藏的季节，应当注意保护阳气，养精蓄锐，早睡晚起。

一岁终了，这个“终”字就是冬天的“冬”加个绞丝旁。在这里不仅仅取“冬”音，也取它“四时尽也”之义。一岁终了了，冬走到尽头了，接下来就是又一个新春了。中国人最大的节日——春节，也在冬末时节到来了。春节，其实就是在深冬迎接春天，向新春致敬的节日。

前面说过，中国人的节日与节气有关，与农耕有关，只有到了数九寒天的时候，人才有农闲。辛苦了一年，自然要好好热闹热闹，彻底放松一下，也顺便积攒精力以待来年的忙碌。在饮食上，春天吃了芽，夏天吃了叶，秋天吃了果，冬天一片白茫茫，我们可吃什么呀？其实，冬天讲究吃根茎，白薯最甜，土豆最面，萝卜最脆。很多植物的根茎是营养最多的地方。民间俗话说：“冬吃萝卜夏吃姜，不用医生开药方。”夏天的萝卜，营养都长在缨子上，都长疯了，根茎上反而没有多少营养。

中国人跟着四时的养生智慧，难道不是最健康、最环保、成本最低也最可持续发展的绿色生活吗？

春夏秋冬，四季轮回，阴晴雨雪，自然变换，对这些不可控制的“天时”，中国人学会了聪明地适应，而脚下的田地是相对可控的。一分耕耘，一分收获，就是在讲可控的部分，这部分里，体现着中国人勤劳质朴的本性。所谓“男”，从字形上拆解，上田下力，男人就是在田地里用力气的。

先来看“力”（），这是个象形字，“象人筋之形”，人体筋骨的形状。人只有在用力用劲的时候，才会青筋暴显。从力字旁的字多具有正面意义，因为这里面有中国人朴素的价值观——付出才会有回报，下了力气才会有收获。这种朴素的价值观就根源于土地，不惜力，肯用力，把力气用出来，田地就会有收成。

不惜力，肯用力，把力气用出来，田地就会有收成。

——于丹心语

功勋的“勋”（）字是从力的，其本义就是“能成王功也”，用自己的力气佐助国君成就功业，这叫功勋。帮助人、辅佐人，自然是要用力的。

“功”（）也从力，“以劳定国也”为“功”，能用自己的劳动去帮助稳定国家，这就是建功。当然，这个“劳”字也从力。勤劳勤劳，“勤”也是从力的，“勤，劳也”，“勤”与“劳”同义。

蓬勃的“勃”字，勇敢的“勇”字，也都从力。“勇气”是我们常用的词，其实在《说文解字》里有“勇，气也”（）。勇气勇气，《说文解字注》里面阐释了这二者之间的关系，“气之所至，力亦至焉；心之所至，气乃至焉”。做大事者，光有力量、技能还不够，还要有一种气概、气魄。气魄有多大，就能做多大事。气从哪里来？从心而来。《论语·宪问》里说得好，“仁者必有勇，勇者不必有仁”。一个人只会逞匹夫之勇，而没有仁爱之心，那他成不了大气概。但你要相信，一个真正有仁爱天下之心的人，他必定是勇敢的！不勇敢，何以去仁爱天下？

再来看“田”（）字，看到这个方方正正的“田”，我们会想起来一个词，叫作阡陌纵横。曹操说：“越陌度阡，

枉用相存。”（三国·曹操《短歌行·其一》[9]）你们这些朋友自远方而来，走过了多少横纵交错的田间小路，屈驾来访，自当好生招待。“陌”是东西向的田间小路，“阡”是南北向的田间小路。

《释名》讲：“已耕者曰田。”荒地不叫田，只有把它开垦出来，种植上农作物，才是田。殷商时期就有了“田”字，但是那时候的田，可不是种植的田，而是打猎的田。人们把树林烧掉，捕捉猎物就更容易了。所以有这么一个说法，叫作“焚林而田，竭泽而渔”（汉·刘安《淮南子·本经训》[1]），这两个词在今天看来都是贬义词，比喻只顾眼前的利益而不择手段地索取。今天的各种自然资源逐渐稀少了，而在远古时期，满眼都是林木、河流，人们的食物都从这里来，技术上的相对落后，让人们要想尽一切办法去获得足够的食物。

从殷商时期打猎的田，到以后逐渐变为农耕的田，这个“田”字所代表的，是能给人们带来食物的地方。它就像一个宝库，后来人们就把蕴藏丰富资源的土地都称为“田”，

1 《淮南子》，西汉淮南王刘安及其门客集体编写的一部著作，糅合各家思想，如道家、墨家、法家、儒家、阴阳家等，内容极为庞杂。胡适对该著作有极高评价：“道家集古代思想的大成，而淮南书又集道家的大成。”

能打出石油的叫“油田”，能挖出煤的叫“煤田”，就连人身上都有“田”，名曰“丹田”。

其实，“丹田”一词是道家练功修行的术语，人身上有上丹田、中丹田、下丹田，在两眉间者为上丹田，在心下者为中丹田，在脐下者为下丹田。在道家看来，丹田是人体内的精气神汇聚、藏储之处，是“性命之根本”。没了丹田里的精气神，这个人也就枯竭了。

还有一些田字旁的字，在现代的语法里已经逐渐脱离了其本义，比如范畴的“畴”（），原本是指已经耕作过的土地，“耕治之田也”。陶渊明《归去来兮辞》[1]言道：“农人告余以春及，将有事于西畴。”农人告诉我春天来了，我要去田里头干活了。所以，经过开垦，可耕作的田地才叫作“畴”。现代人常用的“范畴”一词，来源于《尚书·周书·洪范》[2]。所谓“洪范九畴”，就是指治理国家须遵循的九大法则。所以，治田为“畴”，治国也为“畴”。

1　《归去来兮辞》，田园诗派创始人——东晋文学家陶渊明在辞官归乡时所作的抒情小赋。欧阳修对此评价极高：“晋无文章，唯陶渊明《归去来兮辞》一篇而已。”

2　《尚书》，又称《书》《书经》，相传由孔子编选而成，甄选了从上古时期的尧舜一直到春秋时期的秦穆公期间的一些重要的文献资料，是中国第一部古典散文集，也是一部体例比较完备的公文总集。

图画的“画”（），无论是繁体字的“畫”，还是简体字的“画”，都有一个“田”字。《说文解字》上讲：“画，界也，象田四界。”在古文字中，“画”与“划”同义，划分土地的边界为“画”。

边疆的“疆”（），左半边从弓，这“弓”里面还藏着个土，右半边是一横，一个田，再一横，再一个田，再一横，这就是用弓射出去的箭去丈量并划分土地。引申开来，边疆就是君主领地的边界。给人祝寿的时候，人们常说的一个词叫“万寿无疆”，这个词出自《诗经·豳风·七月》[1]。“称彼兕觥，万寿无疆”，最初是用来祝颂帝王活得长寿，疆土没有边界。

谋略、战略的“略”（）字，“经略土地也”。《左传·昭公七年》曰：“天子经略，诸侯正封，古之制也。”古代的国家制度是，君主负责经营天下，诸侯负责治理封疆。

还有量词“畦”字，五十亩田就是一畦。屈原在《离骚》[2]里写道：“畦留夷与揭车兮，杂杜衡与芳芷。”他分垄栽培留夷与揭车啊，还套作了杜衡与芷草，比喻像培育农作物一

1 《七月》，是《诗经·豳风》中的名篇，记录了周代早期的农民一年四季的劳动过程和生活情况。

2 《离骚》，中国古代诗歌史上最长的一首浪漫主义的政治抒情诗，为战国时期著名诗人屈原所作。

样，培养了不同类型的人才和学生。育人成才，跟在地里种庄稼的道理是相同的。

还有一些字，我们已经想不出来它为什么从田了。比如说畸形的“畸”（），一个“田”字，加奇怪的“奇”，它的本义是“残田”。在那些方方正正的良田之外，零散的、不规则的边角余田叫作“畸”，后来引申到“畸形”，就是不规则、不正常的形状。

再比如储蓄的“蓄”，在古文中，与牲畜的“畜”是同一个字。牲畜的“畜”（），为什么下面从田呢？它的甲骨文字形（），就是一个被牵着的牛鼻子，所以，“畜，田畜也”，是可以在田里耕地的大牲口。

又比如相当的“当”，其繁体字“當”（）下面也是从田的。我们用“相当”形容程度，相当高、相当苦、相当好、相当坏……其实，“当”的本义是田与田相对等，“田相值也”。这块田和那块田价值差不多，这才叫“相当”。男女谈婚论嫁时，有一个词叫“门当户对”，是指男女双方家庭的社会地位和经济情况差不多。“当”字还有一个读音是 dàng，过去有当铺，现在叫典当行，缺钱用的时候，把家里值钱的财物拿到当铺，来换取跟它等价的钱。

再来看禾苗的“苗”（）字，“草生于田者”为苗，田头上那可爱的小幼草就是苗。

回到中国人熟悉的田野里，从脚下的土地中寻找根源，你会看见这些古老汉字中蕴含的蓬勃生机。这种生机，在钢筋水泥的都市丛林里是找不到的。我们低头看一看，脚下踩的不是水泥就是柏油，不是木地板就是瓷砖，各种各样的建筑材料包裹着巨大的城市，更甚者，你想在阳台上种些花草，都找不到合适的泥土。我们离土地的距离终究是太远了。其实，从农村走向都市的进程中，农耕社会的好多习惯都可以更改，但是田地里的规矩，还是有许许多多值得传承的。

看过了脚下的土地，我们再抬头望一望天空，说另外一个偏旁——雨字头。什么叫“雨”？《说文解字》上讲：“雨，水从云下也。”（）天上的云，遇冷空气凝结，最终落到大地上，这就是“雨”。在殷商时期，黄河流域比现在要潮湿得多，几乎每个月都下雨。那时的气候，相当于现在的长江流域，所以从雨的字也特别多，比如雪、雷、震、雹、霜、露、零、霰、雾、霾、需，还有繁体字雲、電等。

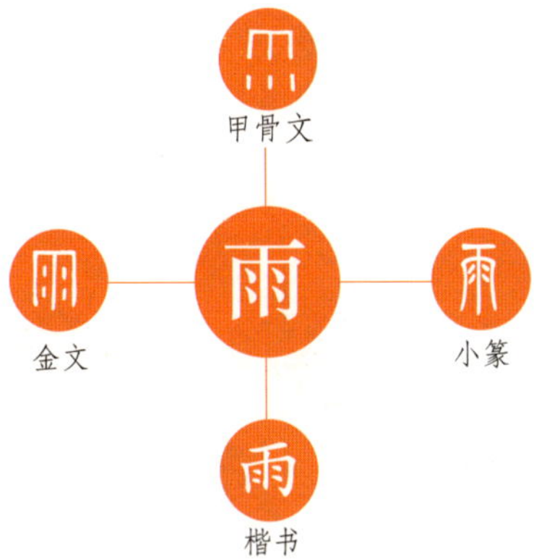

中国大部分地区，冬天都会下雪，《说文解字》上讲：“雪，凝雨，说物者。”（）凝结的雨为雪，这个好理解，但有意思的是，它还用了一个特别带有情感的词——说物（说，同悦）。也就是说，雪是能给人们带来喜悦的。对小孩来讲，堆雪人、打雪仗，这是玩耍的乐趣；对农民来讲，“瑞雪兆丰年”，这是来年的希望；对于诗人来讲，雪花纷纷落下，大地一夜之间变了颜色，诗情也就涌动了。这就叫“悦物”，带来喜悦之物。对于诗人来说，可以在诗歌中借雪花来抒情，可喜可悲，全凭当时的心情。“昔我往矣，杨柳依依。今我来思，雨雪霏霏。”（《诗经·小雅·采薇》）壮士当年离家出征时，还是杨柳春风，如今终于归来，却已是大雪纷飞的寒冬。短短十六个字，你就能从中体会到生命的流逝，多少的情思、哲思蕴藏其中。在艺术上，这段堪称《诗经》中的最佳诗句之一。自东晋谢玄以来，对它的评析已绵延成一部一千五百多年的阐释史，艺评家为之赞叹，诗人们从中得到了文情。

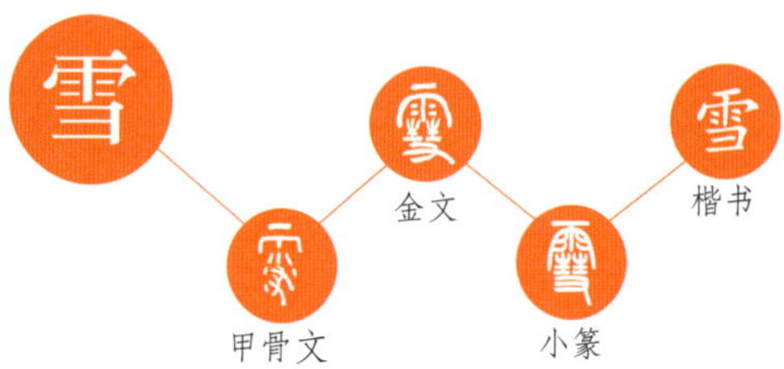

繁体字“雲”也是雨字头，“山川气也”为云（），山中多云，上面是云层，下面是云气。简体字的“云”虽然去掉了雨字头，但还能看出来，上面两横是云层，下面的这个“厶”字底，是翻卷的云气。“云蒸霞蔚”这个词常用来形容景物的绚丽灿烂，以云霞喻之，多形象生动。

繁体字的“電”也是雨字头，“阴阳激耀也”为电（），阴气阳气激荡而成，这就是“电”，与现代物理学对闪电形成的阐释如出一辙。随着闪电而来的是雷声，“雷”（）字，《说文解字》中解释为“阴阳薄动雷雨，生物者也”。在古文字里，“雷”字上面是雨字头，下面是三个“田”。为什么是三个“田”呢？《说文解字注》里解释道：“凡积三则为众，众则盛，盛则必回转。”那轰隆隆连在一起的雷声，在天空中回荡着，久久不散。

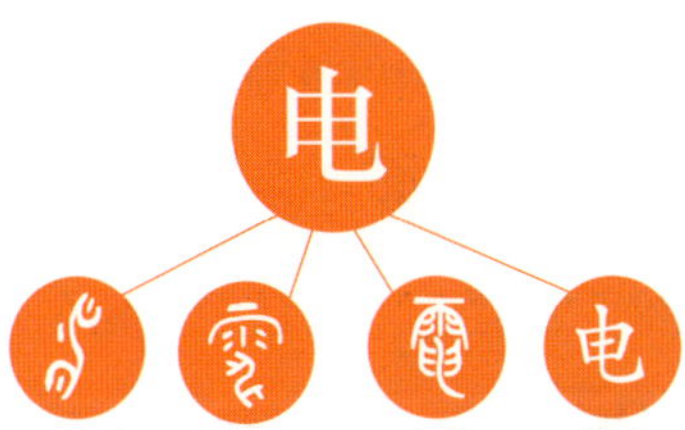

甲骨文　金文　小篆　楷书

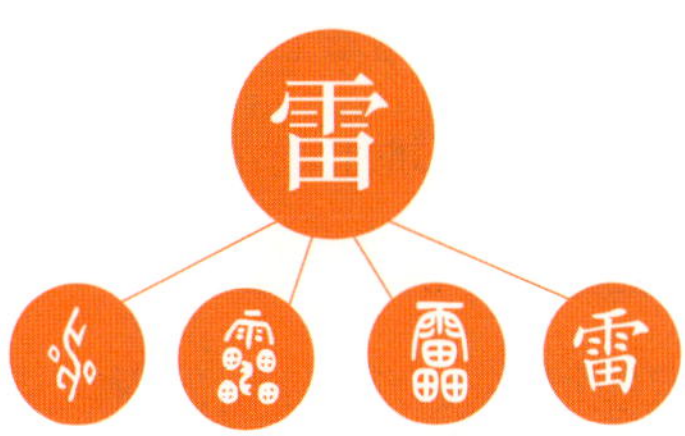

甲骨文　金文　小篆　楷书

再来看“震”（）字，“霹雳，振物者”为震。天空一个大的霹雳，能引起大地万物的震动。

“雹”字，《说文解字》上讲：“雹，雨冰也。”（）天上下来的冰块，就叫冰雹。

“露”（）字的本义是“润泽也”，“和气津凝为露”。当夜间气温降低，靠近地面的水蒸气就会液化成露，附着在大地万物上。

“霜”（）是附在大地或植物上那些细小的冰晶。“蒹葭苍苍，白露为霜”（《诗经·秦风·蒹葭》），随着季节的变换，气温越来越低，水蒸气就凝华为霜。

归零、零头的“零”（）字也是雨字头。“余雨也”为零，也就是“徐徐而下之雨”。《诗经·豳风·东山》中写道：“我来自东，零雨其濛。”那朦朦胧胧、徐徐飘落的小雨，最早就是“零”的本义，后来引申出零星、凋零之义，所以《离骚》中才会有“惟草木之零落兮，恐美人之迟暮”这样的句子。看到枯黄的树叶纷纷落下，地上的小草枯萎凋零，人心中就会有哀伤，伤美人之迟暮，伤英雄之白头。

有一个字，可能很多人都会读错，雨字头下面加一个松散的“散”。“霰”（），读作 xiàn，《说文解字》上解

释为“稷雪也”。“稷”是古代的一种谷物，相当于现在的小米。所谓“稷雪”，也就是指小米粒一样细小的雪。霰一般是在地表气温还不太冷的时候降落，常见于降雪前或与雪同时下降，古时也称为米雪、粒雪。张若虚的《春江花月夜》里写道：“江流宛转绕芳甸，月照花林皆似霰。”江水曲曲折折地绕着花草丛生的原野流淌，月光照射着开遍鲜花的树林，就像那点点散落下来的雪霰一样。这是多美的诗意！

近年来，“雾霾”这两个字频繁出现在大家的视野中。这两个字，首先应该拆开来单独看。什么叫作“雾”呢？《说文解字》中讲，“地气发，天不应”为雾（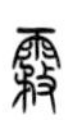）。大地地气蒸腾起来了，天地之间配合不那么默契，天不相应才形成了雾。我们知道，自从工业革命以后，伦敦常年被雾笼罩着，因为工业化生产带来的污染，让空气里弥漫着很多自然界不该有的东西，天当然不应和它。“霾”也并不新鲜，古已有之，《说文解字》上写得很清楚，“霾，风雨土也”（）。刮风下雨时，里面包含着很多土，这个东西就叫作“霾”。古时候，人还不知道什么叫作 PM2.5，但是知道雾和霾不是那么好的东西，它们跟我们的生活配合得并不那么默契。

有一些字，你可能一时想不明白它为什么是雨字头，比如需要的“需”。《说文解字》上讲，“遇雨不进”为“需”（）。下雨了，行人没法往前走了，得停下来等待雨停，等雨这个过程是一种需要。

中国人在跟自然风雨打交道的过程里，产生了那么多的字，其实最大的心愿就是希望风调雨顺。不要说几千年、几百年前，即便是 20 世纪 80 年代的电影《黄土地》里，还有农民大规模祈雨的场面。

在农耕社会，粮食是人们生存的重要物资，这就不能不提到米字旁。米面粮食，家家户户都要吃，每天都要打交道。什么是“米”？它的甲骨文字形（），上面有几粒，下面有几粒，中间的斜道就是个筛子，筛出脱了壳的精米。《说文解字》上讲：“米，粟实也。”（）没有脱壳的叫“粟”，已经脱壳的叫“米”，所以“米”字中间才有这么一个筛子。

大诗人杜甫在《忆昔二首・其二》中写道：

忆昔开元全盛日，小邑犹藏万家室。
稻米流脂粟米白，公私仓廪俱丰实。

稻米和粟米，就是今天所指的大米和小米。公家和老百姓家里的粮仓都是满满当当的，这就是“稻米流脂粟米白”，这就是丰衣足食的好日子。

“暴”这个字用来形容事情突生、突起，人的脾气坏叫“暴躁”，把东西放在骄阳下晒叫“暴晒”，突然发财的人叫“暴发户”，昏庸残忍的君主叫“暴君”。“暴”字的古体字形（），上为日，中间为双手，下面是米，意思是指，在灿烂的太阳底下，人用双手去晒米。让宝贵的东西晒在阳光下就是“暴”，有让它显现的意思，“暴露”这个词就是从这儿来的。在“暴”字的左边加一个日字旁为“曝”，那就是特别猛烈的光。有一个词叫“曝光”，这个曝光之“曝”来得猛烈，如同太阳的暴晒。

“精”（）与“粗”（）都是米字旁，这是一组反义词。“精”是精细，挑拣出来的米粒就是精米；“粗”就是粗糙，糙米的本名就叫作“粗”。糜烂的“糜”（）字，为什么也是从米呢？因为在古代，碎米、稠粥、肉酱叫作“糜”。熬得黏糊糊的粥，那个样子就是糜烂的本义，后来引申为一种腐朽的、不清晰的、不昂扬的生活状态。

糟糕的“糟”（），也就是酒糟的“糟”，指的是酿酒后留下来的渣子。春秋战国时期，屈原遭到了放逐，他沿

着江，边走边唱。有一位渔夫问道："您这位三闾大夫怎么落到这步田地？"屈原说："天下浑浊不堪，只有我不同流合污；世人都迷醉了，唯独我清醒。因此被放逐。"渔夫说："众人皆醉，何不哺其糟而啜其醨？"大家都迷醉了，你为什么不去吃酒渣子、喝薄酒，一同烂醉呢？这个"糟"取的就是其本义。

纯粹的"粹"（）字也从米，就是"纯一不杂"的意思，本义是指没有杂质的精米。粉碎的"粉"字，把米研磨成细细的碎面，"面粉"一词就是这么来的。现在的女孩子化妆时要扑粉，古代没有什么化妆品，只能用米粉，所以《说文解字》上把"粉"解释为"傅面者也"。《世说新语》[1]中有一则典故叫"傅粉何郎"：三国曹魏时期，有个人叫何晏，容貌俊美洁白，魏明帝怀疑他脸上搽了白粉，于是在大热天时，赏了他一碗热汤面吃。不一会儿，何晏便吃得大汗淋漓，可他擦完汗后，脸色更白了。魏明帝这才相信他没有搽粉，而是天生白美。

最后再来看"粮"（）字，"粮，谷也"，在古代是

1　《世说新语》，一部记述汉末至东晋士大夫言谈逸事的笔记小说，由南朝宋文学家刘义庆组织编写。

指远行者的干粮，人带在路上的食物才是“粮”。

精、粹、粗、糙这些字，在今天的语境中，有了太多感情色彩，但通过对其本义的追溯，我们会发现，它们都根源于农耕民族对粮食的珍惜。“谁知盘中餐，粒粒皆辛苦”，不了解粮食是怎么长出来的，也就不太可能了解米字旁字的这些观念。

在农耕的法则之下，中华民族繁衍不息；在汉字的演变中，田字旁、雨字头、米字旁为我们勾画了一幅农耕长卷。为什么从力的字多为褒义？为什么雨字头决定了一年四季天空、大地的面貌？为什么米字旁里有是非的观念？这一切跟四时有关，跟土地有关，跟伦理有关，跟农耕有关。当我们循着偏旁部首走回去，也许就触摸到了温暖朴素的农耕文明。

[1]

归园田居（其一）

东晋　陶渊明

少无适俗韵，性本爱丘山。

误落尘网中，一去三十年。

羁鸟恋旧林，池鱼思故渊。

开荒南野际，守拙归园田。

方宅十余亩，草屋八九间。

榆柳荫后檐，桃李罗堂前。

暧暧远人村，依依墟里烟。

狗吠深巷中，鸡鸣桑树颠。

户庭无尘杂，虚室有余闲。

久在樊笼里，复得返自然。

[2]

忆江南·江南好

唐　白居易

江南好，风景旧曾谙。日出江花红胜火，春来江水绿如蓝。

能不忆江南？

[3]

清平乐·别来春半

五代十国　李煜

别来春半，触目愁肠断。砌下落梅如雪乱，拂了一身还满。

雁来音信无凭，路遥归梦难成。离恨恰如春草，更行更远还生。

[4]

虞美人·春花秋月何时了

五代十国　李煜

春花秋月何时了，往事知多少？小楼昨夜又东风，故国不堪回首月明中。

雕栏玉砌应犹在，只是朱颜改。问君能有几多愁？恰似一江春水向东流。

[5]

雨霖铃·寒蝉凄切

宋　柳永

寒蝉凄切，对长亭晚，骤雨初歇。都门帐饮无绪，留恋处，兰舟催发。执手相看泪眼，竟无语凝噎。念去去，千里烟波，暮霭沉沉楚天阔。

多情自古伤离别，更那堪冷落清秋节！今宵酒醒何处？杨柳岸，晓风残月。此去经年，应是良辰好景虚设。便纵有千种风情，更与何人说？

[6]

唐多令·惜别

宋　吴文英

何处合成愁？离人心上秋。纵芭蕉不雨也飕飕。都道晚凉天气好；有明月、怕登楼。

年事梦中休，花空烟水流。燕辞归、客尚淹留。垂柳不萦裙带住，谩长是、系行舟。

[7]

青玉案

宋　贺铸

凌波不过横塘路，但目送、芳尘去。锦瑟华年谁与度？月桥花院，琐窗朱户，只有春知处。

飞云冉冉蘅皋暮，彩笔新题断肠句。若问闲情都几许？一川烟草，满城风絮，梅子黄时雨。

[8]

野步

清　赵翼

峭寒催换木棉裘，倚杖郊原作近游。

最是秋风管闲事，红他枫叶白人头。

[9]

短歌行（其一）

三国　曹操

对酒当歌，人生几何？譬如朝露，去日苦多。

慨当以慷，忧思难忘。何以解忧？唯有杜康。

青青子衿，悠悠我心。但为君故，沉吟至今。

呦呦鹿鸣，食野之苹。我有嘉宾，鼓瑟吹笙。

明明如月，何时可掇？忧从中来，不可断绝。

越陌度阡，枉用相存。契阔谈宴，心念旧恩。

月明星稀，乌鹊南飞。绕树三匝，何枝可依？

山不厌高，海不厌深。周公吐哺，天下归心。

认识自己

认识自己是一件容易的事吗？眼睛可以看多远呢？真的可以看明白这个苍茫世界吗？耳朵听到的声音，我们有自己的分辨吗？鼻子不是用来自大的，而是好好审视自我，让内心沉静下来的。用眼用心看了世界，才能口出善言，不造祸害。善与害都是口里的事情。这些言辞与观念，最终落实在一双手中。人们用双手建立世界，建立自己的家庭，建立快乐幸福，这就叫作知行合一。认识自我，既是一种观念，也是一种行为。

認識自己

管峻

人这一辈子，比认识世界更难的事，就是认识自己。其实，认识自己与认识世界的过程是同步的。《庄子·养生主》中写道："吾生也有涯，而知也无涯。"生命短暂，向外求的只能是知识、经验，向内求的才是智慧、领悟。年龄长了，知识长了，智慧长了，对自己的了解是不是能更深入一些呢？人的这双眼睛，向外可以看到无比辽阔的世界，向内能不能看得见深邃的内心呢？

庄子在《逍遥游》里说："小知不及大知，小年不及大年。"每个人追求的境界是不一样的，每个人的眼界也是不同的，最大的眼界是什么呢？庄子曰："若夫乘天地之正，而御六气之变，以游无穷者，彼且恶乎待哉？"能够顺应天地万物之性，驾驭六气的变化，遨游于无穷无尽的境域，那还需要凭借什么呢？只有对自我的认知足够清晰，才能够达到这种"不待而游"的大境界。"物无非彼，物无非是；自彼则不见，自知则知之"，这是《齐物论》里的观点。事物是对立统一而存在的，所谓“智慧”，就是能全面地看待问题，脱离开“彼”与“此”的二元对立思维。

那么，怎样才能把天地万物看得明明白白呢？

儒家有言：“知者不惑，仁者不忧，勇者不惧。”人到中年时，该见识的都见识了，该经历的都经历了，要能做到“不惑”，不再被各种乱象所迷惑。《庄子·骈拇》中说：“夫小惑易方，大惑易性。”小的迷惑容易让人迷失方向，大迷惑能改变人的本性。

“惑”这个字从字形上看，是或者的“或”加上一颗“心”。或此或彼的外在选择压在这颗心上，迷惑就产生了。如何才能做到不惑呢？要从养大这颗心开始，心大了，就能够不惑。

我们常常说“借我一双慧眼”，人要想看清这个世界，当然得从一双慧眼的明察秋毫开始，这是认识自己的第一步。

那么，我们就先从眼睛说起。《说文解字》上讲：“目，人眼。”从“目”字的金文（）、小篆（）字形都可以看出，它其实就是竖起来的一只大眼睛。跟“眼”连在一起用的是“睛”，就是我们说的眼珠子。有个成语叫“画龙点睛”，可谓人人皆知，这个成语出自唐代画家张彦远的《历

代名画记》[1]。据其记载，南朝画家张僧繇在金陵安乐寺的墙壁上画了四条白龙，但是没敢点眼珠。别人就问：“你为什么老不点睛呢？”张僧繇说：“我怕点睛之后，它就飞走了。”大家都认为他是在吹牛，非逼着他点睛，张僧繇不得已给其中的一条点上了眼珠。结果，一瞬间雷声大作，这条龙腾空而去。由此可见，“眼”和“睛”不是一回事，我们有时候说人“有眼无珠”，就是睁着两只大眼睛却看不清是非，不了解真相。

与眼睛有关的一个动作叫“顾盼”，“盼”（）字是目字旁加一个“分”。《诗经·卫风·硕人》中讲：“巧笑倩兮，美目盼兮。”美人的眼珠黑白分明，顾盼生姿，这就叫作“盼”。“盼”字的右半边为什么用一个“分”呢？讲的就是眼睛的黑白分明。人年龄长了以后，眼珠就变得浑浊了；而小孩子的眼睛就黑白分明，眼白甚至带有一点点青蓝色，黑眼珠晶亮晶亮的。所谓天真无邪，就是那样黑白分明、顾盼生辉的眼睛。

什么叫“盲”（）呢？《说文解字》上解释为“目无眸子”，“眸”跟“睛”是一个意思。有眼眶，但里面没有眼珠，

1 《历代名画记》，中国第一部绘画通史著作，涉及绘画历史、理论、鉴识收藏和画家传记，为唐代张彦远所著。

这当然就是失明了。有一个常用词语叫“盲目”，意指对事物缺乏清醒认识，缺乏明确目标，容易跟随别人的判断。所以，眼睛的重要性不仅在于看，还要能看见。

什么是“见”（）？下面的这个“儿”其实就是一个人形，一个人顶着一只大眼睛，就是看见的“见”。人要把眼睛高高地顶起来，努力看、使劲看，就是真正看见了。“看”（）字是“目”上面搭一只手。光线晃眼，手搭凉棚向远处眺望，这个样子就叫“看”。

与“看”相关的，有眺望的“望”（），《说文解字》上解释为：“出亡在外，望其还也。”人站立在地上极目远望，能看多远就看多远，这就叫作“望”。马王堆汉墓中出土过千里眼，那个眼睛就像今天的望远镜一样，凸出很长很长，

眼睛的重要性不仅在于看，还要能看见。

——于丹心语

还出土过顺风耳，那个耳朵也是拉得好长好长。其实，千里眼、顺风耳一直都是古人的美好向往。

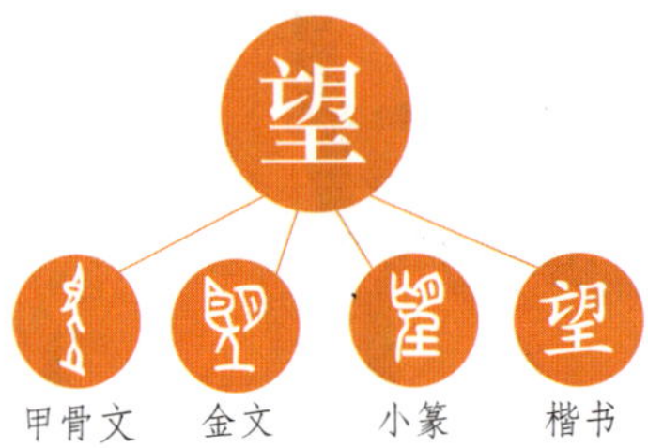

当代的理论也验证了这一点。传播学大师麦克卢汉曾经说，媒介就是人体器官的延伸。听广播、看电视、读报纸、上网，不就是让我们拥有了千里眼、顺风耳吗？我们足不出户，鼠标一点，遥控一按，世界各个角落的新闻都可以给我们直播，这不就是已经远远地看见、眺望到了吗？遗憾的是，媒介可以让你看见一个事件，但未必能够让你判断出真相，呈现在你眼前的只是信息，信息背后的是非和理由还要靠自己的心去判别。我们过去总是在抱怨信息匮乏，但在网络时代，我们面临的迷惑是信息过剩。信息不足时会造成判断的不准确，但过犹不及，信息过剩就会有迷惑。

还有一些字与眼睛相关，包含了道德判断的观念，比如正直的“直”（），《说文解字》中说“直，正见也”，

它的本义就是目光直射。鲁迅先生写过“直面惨淡的人生”，什么是直面？就是正视。生活里不如意事常八九，可以言者无二三，总会有种种我们不想接受的事情，但正视现实是接受的前提，接受现实是改变它的前提，而改变是放下的前提。我们总跟人讲，遇到不如意的事情，要想开、要放下，如果你都不敢直视它，又怎么能够改变并且放下它呢？所以，接受不仅仅是一种勇气，也是一种智慧。

一个人的正直品格，是从他的目光直视开始的。我们有时候说，从一个人的眼睛就知道他是什么人，因为眼睛是心灵的窗户，一个人的做派品德，能从他的眼神是不是诚恳看出来。

面临的“临”（），睁大了眼睛从高处俯视。所以迎接客人的时候叫“欢迎光临”，有喜事时叫“双喜临门”，面对困难危险时叫“临危不惧”，这一些词里用的都是“临”的本义。

相互的“相”（），是从目的，双目（木）为相，也读 xiàng，真相的“相”，它的本义就是“省视也”，认真地看。“相亲”这个词，从古代流传至今，所谓相亲，就是要两个人见面认真地看。李太白有诗句云：“众鸟高飞尽，孤云独去闲。相看两不厌，只有敬亭山。”（唐·李白[1]《独坐敬亭山》）尽管鸟飞云去，他仍久久地凝望着幽静秀丽的敬亭山，而敬亭山似乎也正含情脉脉地看着自己。“相”字读四声的时候，有真相、相貌等词，其实都是从其本义引申出来的，所谓真相就是认认真真看出来的本质。

1　李白，字太白，号青莲居士，唐代著名的浪漫主义诗人，被誉为“诗仙”。

说到相貌，就不能不提到另外一个字，那就是脸面的“面”。其甲骨文（）字形就是在眼睛外头加了个框，小篆（）字形中只不过把这个框又写得规范了一点，都是在脸庞上突出了一只大眼睛。面目面目，脸上最重要的部分不就是眼睛吗？所以，形容一个人往好的方面改变很大，叫“面目一新”；往坏的方面改变太大，叫“面目全非”。

那么眼睛还能干什么？反省的“省”，不从心而从目，“省”就是视察、观察的意思，所以从甲骨文（）到小篆（）的字形写法，都突出了眼睛。“吾日三省吾身”，这个“省”是从眼睛看到心灵的反省，内心的活动跟你的观察是相连的。

由这个“省”的本义，我们可以想到观察的“察”（）。所谓“观而后察”，观察到了，却不一定能了解真相。《周易》

中言道：“观乎天文，以察时变；观乎人文，以化成天下。”这不就是观而后察吗？

再来看“观”（），《说文解字》上说：“观，谛视也。”“观”就是专注地看，这种专注后来演化成一个名词——景观。

还有个词叫“熟视无睹”，不一定看了、视了、观了，就一定省了、察了、明白了、了解了。人真得看得懂世相，我们的眼睛才直指内心。

所谓眉目传情，眼睛是可以表露很多感情的，比如眷恋的“眷”（），它的本义是回头看。当你送别一个恋恋不舍的人，你会舍不得马上就走，因为你知道他一定会回头看你；当你离开一个不想离开的人，你也会不断地回头向他挥手，其实这一回眸之间就是“眷恋”。

所以，相见是一件重要的事，繁体字“親”即有个“见”。人的眼睛在电光石火相交的一瞬间传递出来的信息，让语言都显得苍白。“执手相看泪眼，竟无语凝噎”（宋·柳永《雨霖铃·寒蝉凄切》），两个人手握着手互相瞧着，语言表达不出来的都在泪眼相映之间。

在古文字中，眉毛的“眉”（）和妩媚的“媚”（）

是同源的，“回眸一笑百媚生，六宫粉黛无颜色”（唐·白居易《长恨歌》[1]），多用以形容女子的美丽娇媚。“眉”和“媚”字，就像一个女子的头上顶着眼睛和眉毛。“所谓伊人，在水之湄”（《诗经·秦风·蒹葭》），河岸边，水和草交接的地方，那就是水的眉毛，谓之“湄”（）。眉如远山含黛，目如秋水含情，山水含情，眉目传情，这是我们中国人所特有的审美方式。

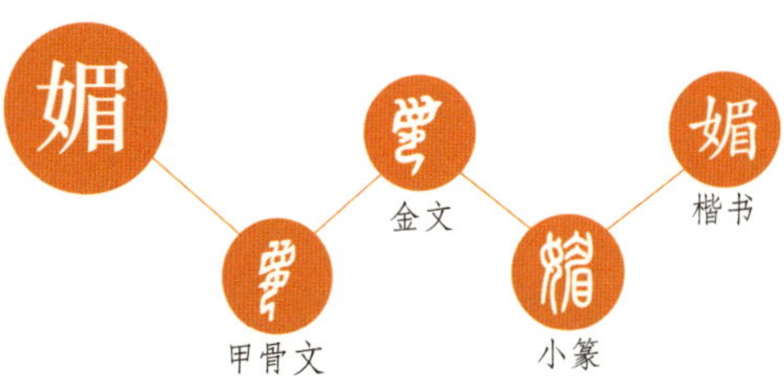

眼睛是用来看的，你不仅要看尽山长水阔的大千世界，

1　《长恨歌》，是唐代现实主义诗人白居易以唐玄宗、杨贵妃的爱情故事为主题创作的长篇叙事诗，作于元和元年（公元806年）。

眉如远山含黛，目如秋水含情，山水含情，眉目传情，这是我们中国人所特有的审美方式。

——于丹心语

还要看懂人际交往之间的是非远近，所以有一个词叫作“察言观色”。“色”字，《说文解字》上解释为“颜气也”。段玉裁在《说文解字注》中进一步解释道：“颜者，两眉之间也，心达于气，气达于眉间，是之谓色。”与人交往的时候，不仅要注意听他的言语，还要注意观察对方说话时眉目之间的表情，那是真实心迹的显露。过去说皇上一高兴，叫“龙颜大悦”，而杜甫的名句“安得广厦千万间，大庇天下寒士俱欢颜”，“颜”字就是一个人脸上的表情。“察言观色”在今天听起来有一些贬义，但其实却是人际交往的礼仪、技巧，不可忽略。

孔子曾经说：“侍于君子有三愆：言未及之而言谓之躁，言及之而不言谓之隐，未见颜色而言谓之瞽。”（《论语·季氏》）这几句话是什么意思呢？君子之间的交往谈话，要注意避免三个方面的过失：“言未及之而言谓之躁”，没轮到你说话，你却赶着抢着把话说出来，这说明你是一个毛毛躁躁的人；与此相反，“言及之而不言谓之隐”，该你说话了，就不要吞吞吐吐不敢说，更不要顾左右而言他，这样会给人不实在的感觉；那第三种情况最有意思，“未见颜色而言谓之瞽”，不看人的脸色，不管周围的环境，不照顾他人的感受，张嘴就说，不知道说的话会伤到谁，也不知道会让谁心里不痛快，俗话叫“没眼色”，就如同盲人的眼睛。这个“瞽”字从目，是指盲人的眼睛。

察言观色的能力，最终会表现在待人接物的行为上。《论语·卫灵公》中写道：“众恶之，必察焉；众好之，必察焉。”生活中的一个人，有人喜欢他，也有人不喜欢他，有人说他好，也有人说他不好，这是人之常情。但是，如果所有人都讨厌他，那就要好好观察一下，这个人身上到底有什么理由招所有人不喜欢呢？如果一个人能让所有人都喜欢他，也要好好考察一番，他到底有什么样的魅力呢？你对一个人的好恶亲疏，应当基于自己的观察，然后进行独立思考，而非人云亦云。

孔子在《论语·为政》里还有更好的一段话：“视其所以，观其所由，察其所安，人焉廋哉？人焉廋哉？”要想充分了解一个人，就要从他做事的动机、过程、结果等环节中全面考察。“视其所以”，首先要看起因，即为什么而做；“观其所由”，其次要去观察通过何种途径、方法来做事；“察其所安”，最后要察省他的目的是什么。把起因、过程和目的都了解清楚，“人焉廋哉？人焉廋哉”，这个人还能隐藏什么呢？他还藏得住吗？所以，观察不仅仅是眼睛的事情，还是内心的事情，心里看明白了，才是真懂得了。

《庄子·人间世》里边提到了一个词，叫“心斋”。

> 回曰：“敢问心斋。”
>
> 仲尼曰：“若一志，无听之以耳而听之以心；无听之以心而听之以气。听止于耳，心止于符。气也者，虚而待物者也。唯道集虚。虚者，心斋也。”

《庄子》里有一些篇章是假托孔子和弟子们的名义讲故事，《人间世》就是如此。有一天，弟子颜回来向孔子辞行，说是要去卫国规劝规劝那位专横独断的国君。孔子觉得颜回是为人正直忠诚、谦虚可靠的人，不太适合担当这样的角色，所以此行可能凶多吉少。于是，颜回请教孔子有何良策，孔子叫他先做到“心斋”，心灵上、精神上的斋戒。颜回问老师，心斋是什么？孔子说，首先要做到意念专一，停止胡思乱想；其次关闭听觉器官，不用耳听，而用心听；最后再进一步，断绝意识活动，不用心听，而用气听。耳朵能听见的只是声音，心只能感应到部分存在，这两者都有局限性。而气是一片光明的空虚，能容纳大千世界。只有扫除万般信念，扫除各种既知的成见，让内心处于空纳万境的状态，你就能悟道了。

我们要善于用眼睛看清这个世界，可也别忘了用耳朵去倾听。大人夸小孩子聪明，其实，“聪”是指耳聪，“明”是指目明。《说文解字》上讲：“耳，主听也，象形。”这个字的甲骨文（）、金文（）、小篆（）字形，都特别像是一个耳朵。木耳、银耳这些词，其实都是象形造词，都长得像耳朵。

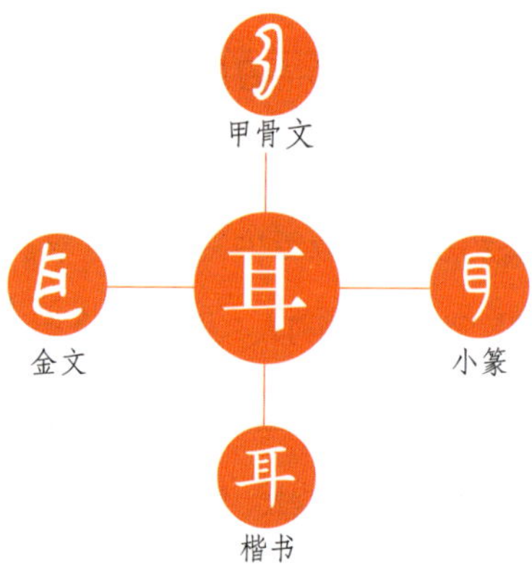

在汉字里，从耳字旁的字也有很多，比如“耳”字右面加个“又”，就是取得的“取”（）。这个“又”就是一个手形，过去在战场上抓到了俘虏，要割下他的左耳朵来，这就叫作“取”。

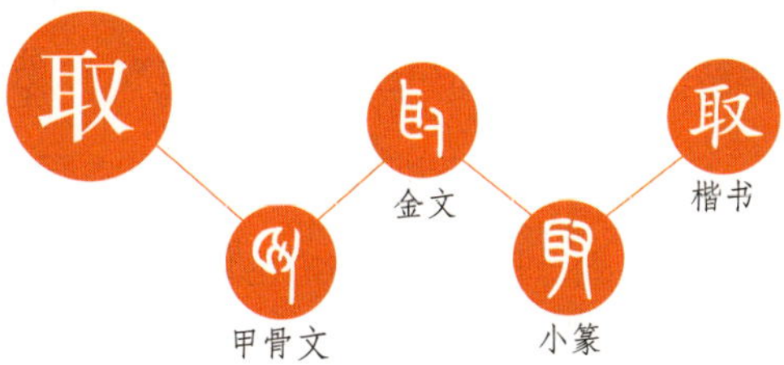

“耳目”是替人打探消息情报的；“耳闻目睹”，耳朵听见了，眼睛看见了，事情才能了解得更全面真实一些。“闻”（），不是用鼻子闻，而是用耳朵闻。“闻风而动”，就是用“闻”字的本义，指听见了风声。《说文解字》上讲：“闻，知声也。”听到了声音才是“闻”。见闻见闻，“见”是眼睛看见，“闻”是耳朵听见。这个“闻”字的甲骨文（）字形，就是一个跪着的人用手抚在耳边。耳朵背的老年人，他听不清别人说的话，就会用手放在耳边拢着声音。从古汉字中，我们能够看见原始初民凝集在字形里的动作，“看”是用手搭凉棚，“闻”是用手拢着耳朵，多么鲜明啊！

“新闻”就是刚听见的消息。咱们现在多是上网看新闻，比上网更早的是电视，比电视更早的是广播，比广播更早的是报纸，比报纸更早的其实是各种小道消息，都是道听途说来的。这是“闻”的本义，新近听来的消息。

听到的、见到的这些“见闻”，经过内心的消化吸收，最终会变成话语被传播出去，所以，圣人的“圣”（），繁体字为“聖”，左耳右口，下面是一个王。心中要有底，能够以耳就口，博学多闻，耳聪口敏，擅用耳朵和嘴巴的人，就叫作“圣”。

圣贤圣贤，圣和贤是不一样的。什么是“贤”呢？《说文解字》上讲：“贤，多才也。”（）有才华的人为“贤”。“贤”字，下面是“贝”，看守财富的人称为“贤”，这个人肯定不能监守自盗，必须是忠诚可靠的。所以，圣人是擅用口耳的人，贤人是忠诚可靠的人，合在一起，就是我们崇尚的圣贤。

所以，人光会听还不行，听了以后，还要把嘴管好、用好。《论语》中记载着这么一段，子张向孔子请教如何才能谋取官职，孔子就跟子张讲：“多闻阙疑，慎言其余，则寡尤；多见阙殆，慎行其余，则寡悔。”首先要多听少言，听完了以后，心里盘算、审度一下，说话的时候要谨慎，这样就可以避免很多言语之间的过失，别人对你的指摘、抱怨就会少一点。其次要多看慎行，做事的时候留有分寸、余地，没想明白的事情不要盲目去做，不妨先放一放，这样就不会因冒冒失失而后悔。“言寡尤，行寡悔，禄在其中矣”，言语中少些抱怨，行动后少一些追悔，擅用耳朵多听，擅用眼睛多看，说话、做事的时候小心谨慎，就能够好好地走在仕途上了。

跟耳朵有关的，有一个道德感很强的字，那就是羞耻的“耻”。《说文解字》上讲：“耻，辱也。”（）当一个人感到被羞辱时，或者自己感到羞愧时，往往会面红耳赤，感觉耳朵发热了，耳根子一阵阵发烫。之所以感觉耳朵发热，你去仔细观察，是耳朵充血了。这个耳朵充血的状态，跟内心的道德羞耻有关。所以，耳朵不光是人体的重要器官，它也是有道德观念的。

《中庸》里有句名言叫“知耻近乎勇”，人最大的勇气就来自廉耻之心。孟子曾经说：“恻隐之心，仁也；羞恶之心，义也；恭敬之心，礼也；是非之心，智也。”一个人有恻隐之心就是“仁”，有羞恶之心就是“义”，有恭敬之心就是“礼”，有是非之心就是“智”。所以，一个人有廉耻之心，就接近勇敢了。

人的五官中，鼻子居于中间，所以，人们往往指着自己的鼻子，用来指代自己。我们看看“自”，甲骨文（）和小篆（）的字形，就是一只惟妙惟肖的大鼻子。有些人自夸“老子天下第一”，往往伴随的动作就是指指自己的鼻子。

以自我为中心、自大，这个“自”指的就是鼻子。

《老子》第三十三章里说：“知人者智，自知者明。胜人者有力，自胜者强。”知道别人说明你有智慧，但能正确认识自我才是真正的聪明。能够把别人打败说明你有力气，但能战胜自我的人才是真正的强者。所以说，这个鼻子，不能随便指着向别人炫耀，指着它的时候，自己要心里有数。

经过以上对眼、眉、耳、鼻这四大器官的了解，我们对自己的判断越来越清晰。最后要重点说说这个“口”。我们说“病从口入，祸从口出”，口有两个基本功能，一个是吃，一个是说。有的时候，吃着吃着就吃出毛病了，说着说着就说出麻烦了。“口”还是一个量词，问家里有几口人。所谓“养家糊口”，在过去，能喂饱家里的这几张“口”，就算是过好日子了。从这个角度来看，“口”是家庭社会和谐的基础，但其实也是不和的根源。在商业社会里，买卖双方正式的约定叫“合同”，“合”（）与“同”（）都从口，也就是说，由口头的约定落在纸上，就成了合同。

善良的“善”字，上面是一个羊头，中间一大横上的两个点是羊的眼睛，下面是“口”。大家都知道，羊的性格温顺、驯良，不带有攻击性。用羊的眼光去看世界，那世界一定很温暖、和平、友善；用羊的言语去交谈，谈话一定是温和、友爱的，积口德，不造口业。你的行为方式、你对待周围人的态度，取决于你用什么样的眼光看世界。你要是用狼、虎、豹的眼睛看世界，那开口就说不出善言善语。

再看舌头的“舌”（），其实就是口里面的这一条，但是想管住自己的舌头却是不容易的。在古希腊，很多人找到哲学家苏格拉底学说话。其中就有一个人，他对苏格拉底说：“我周围的人都不会说话，他们说得都不好，有的人恶言恶语，有的人笨拙不堪，我要做一个超级演讲家，所以，我愿意给你交昂贵的学费，你教教我怎么用好自己的舌头。”苏格拉底听完之后，很幽默地说：“你得交双份学费，因为我在教你怎么用好舌头之前，还要先教教你怎么管好自己的舌头。”

所以说，管好舌头是一个前提，不见得说得多、说得伶牙俐齿，就一定是会用舌头的人。

《论语·学而》上说："巧言令色，鲜矣仁！"一个人总是说漂亮话，脸上总是笑呵呵的，他骨子里其实是离仁义很远的人。而《论语·子路》中又说："刚毅木讷近仁。"一个人面貌刚毅、内心忠勇，尽管性格内向寡言，他的内心却更接近于仁德。孔子甚至提倡"君子欲讷于言而敏于行"（《论语·里仁》），言辞木讷一点，行动敏捷一点，没有什么不好，这就叫君子"先行其言，而后从之"，先把事做了，然后再淡淡地说出来。

口里说出来的可以有美好的东西，甘之如饴的"甘"（），就是口里面加了一点，这点味道是美好的。气息实际上也是口在讲话时吐出来的，子曰的"曰"（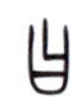），口上面加小小的一笔，其实那就是形容人在说话的时候吐出来的气息。

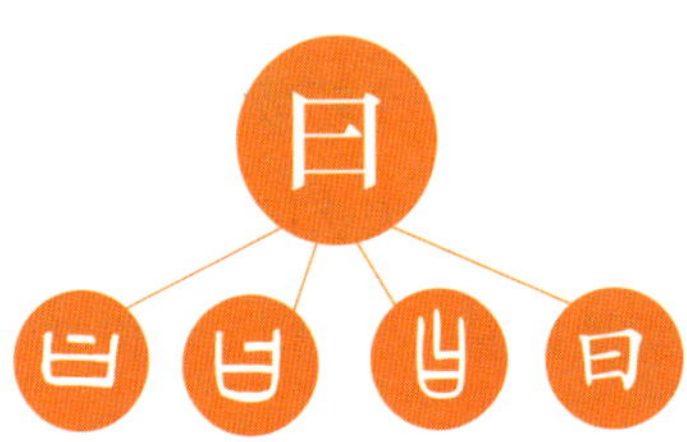

司令的“司”（），也是从口，是指发号施令的人。开车的人叫司机，负责法律的部门叫司法机构，发号施令的人就叫司令。呻吟、喉咙、咀嚼、哨、吻，这些字词都跟口相关，所以都是从口的。局促的“局”（），《说文解字》上解释：“局，促也。从口在尺下，复局之。”正因为人口中容易出错，所以要用尺来拘束、管束这张嘴。这种管理，后来引申为一种约束，比如局限、局促。人能够管住自己的嘴，能够使自己对所见所闻的判断变成善言善语，这起码是一种做人的修养。

与口相关的动作的字多为口字旁，而与从口里说出的话相关的字多为言字旁。什么是“言”（）？《说文解字》

上讲：“直言曰言，论难曰语。”从它的小篆字形来看，舌头前面加一横，这就是人在发言，用舌头发出声音；人的议论、辩驳叫语。“言为心声”，心中有什么就说出来。在古代诗歌里，“言”也是一个数量词，五言诗就是五个字一句，七言诗就是七个字一句。训诂学的“训诂”（ ）两个字都是言字旁，就是解释古文字语言的一门学问。“谈话”（ ）这两个字也是从言字旁的。

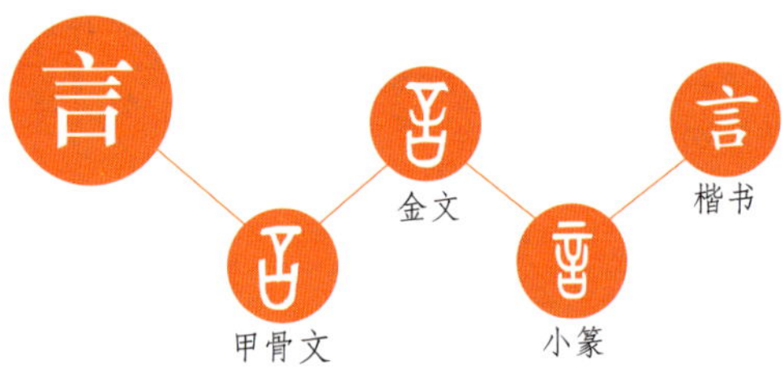

我们跟人客气时用的谦辞“请”（ ），《说文解字》中解释为：“谒也，从言青声。”“请”的本义是拜谒，是古代的一种礼仪，所以这个字里就带有一种客气。请求、请示、请进、请坐，都是这样一种客气谦让。

从言字旁的还有计算的“计”（ ），“会也，算也，从言从十”，它是一种总和、会合。所谓“心计”，就是在心中来来回回地计较、计算。

还有一诺千金的“诺”（），这是一种应答。许诺的“许”（），听从之言为“许”。说话的“说”（），喜悦的“悦”（），右边都是一个“兑”字，左半边为言字旁就是“说”，左半边为竖心旁就是“悦”。好好说话，会让人心生喜悦；恶言相向，就会出现矛盾纠纷。如果大家都能心平气和地好好说话，这种状态就叫“和谐”。“谐”（）字也从言，它取的八音克谐，言语之和合也。什么叫八音克谐？这个典故出自《尚书·尧典》：“诗言志，歌永言，声依咏，律和声。八音克谐，无相夺伦，神人以和。”八音是指金、石、土、革、丝、木、匏、竹这八种乐器，它们有高有低、有闷有脆，但一起演奏时要有条不紊，形成和谐的交响。这个状态就叫作八音克谐。所以，小到一个家庭，大到一个国家，要想建成一个和谐的环境，都要从好言好语开始，语言和谐说明内心和谐。

有什么心说什么话，这就是证明的“证”（），其本义是直言劝谏，心正，口才会正。证明、证实，其实都是指一种内心的判断，这个判断会体现在言辞里。音调的“调”（），也是调和的“调”，也是从言字旁的，它的本义是“和也”，言辞和解是“调”的本义。

好好说话，会让人心生喜悦；恶言相向，就会出现矛盾纠纷。

——于丹心语

如果语言都说好了，上升到一个很美的境界，那就产生了诗和词。

诗是什么？《毛诗序》[1]中说：“诗者，志之所之也，在心为志，发言为诗。”一个人心中有什么想法，说出来了那就是诗。中国人之所以爱诗词，就是因为它体现了汉语言最大的特色，诗词里是包含着节奏的。“熟读唐诗三百首，不会作诗也会吟。”多念一念诗词，对于语言节奏是一种潜移默化的训练。

当然，光有头脑风暴是不够的，中国先贤圣哲最看重的是“知行合一”，对自我的认识最终要落实在行动上。那么，看看跟手有关的字吧，比如“左右”（）这两个字，就都是从手的。朋友的“友”（），在字形上就是两只手。《说文解字》上讲“同志为友”，甲骨文（）和小篆（）的写法都是两手相携，携起手来才是朋友。

1　《毛诗序》是汉代人为《诗经》所作的说解，其中包含了著名的诗歌理论，有大序与小序之分，大序是《关雎》题解之后的总的序言，小序则是每一篇的序言。

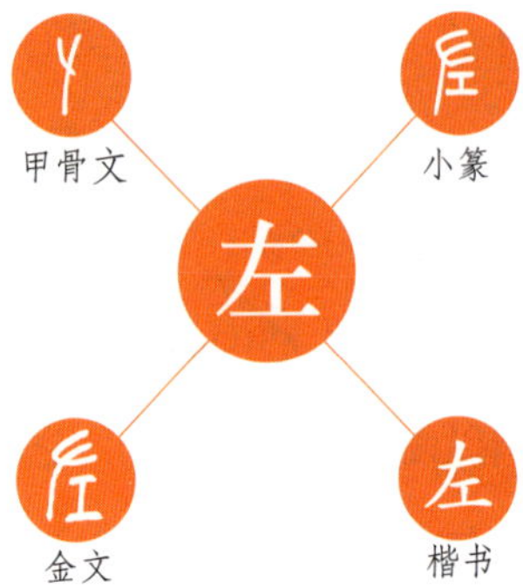

人人都有的这两只手用来做什么呢？丞相的“丞”（），通假拯救的“拯”字，这个字的字形，就是两只手搭救掉进陷阱里的人。后来觉得表达的意思还不够清楚，就又加了个提手旁。

与之类似的还有承受的“承”（ ），是双手托举着一个人，把他托上去，承担、承受，都是源自其托举之本义。所谓“继承”，你要先把它继续下来，然后再承担着，让它传承下去。接受的“受”（ ），其甲骨文字形（ ）就是一只手拿着盘子给另外一个人。这个字后来也被加上提手旁，就是教授的“授”（ ）。加提手的是给别人，不加提手的是接受，“授受不亲”这个词里把两个字连用，就是指给予、接受。其实，两手拿盘子这个动作，既是给也是拿，有很多动作既是给予也是接受，比如说拥抱、握手，这是给出一份诚意，同时也接受了对方的问候。

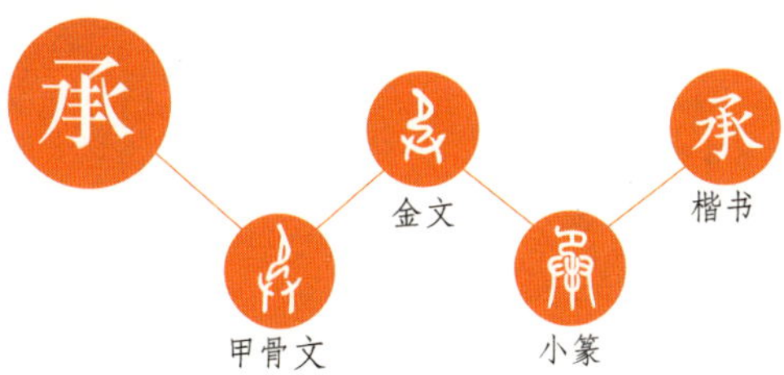

手的用途实在太广泛了，绝大部分动作都要靠手去完成，比如两个人用手抢夺东西，那就是“争”（）。还有一个有意思的字，就是失去的“失”（），也是从手的，“在手而逸去为失”，本来在手里，后来把它给丢了，这就叫作“失去”，后来引申为“过失”。

认识自己是一件容易的事吗？循着这些偏旁部首，一点一点地走回去，我们不妨想一想：眼睛可以看多远呢？真的可以看明白这个苍茫世界吗？耳朵听到的声音，我们有自己的分辨吗？鼻子不是用来自大的，而是好好审视自我，让内心沉静下来的。用眼用心看了世界，才能口出善言，不造祸害。善与害都是口里的事情。这些言辞与观念，最终落实在一双手中。人们用双手建立世界，建立自己的家庭，建立快乐幸福，这就叫作知行合一。

认识自我，既是一种观念，也是一种行为。这么多跟自身相关的偏旁部首，我们都一一了解之后，也许对当下的自我会多出来一点行动的依据。

找回这颗心

心灵拥有强大的力量，无论科学技术多么发达，无论物质条件多么富足，内心的精神力量都不可被忽略。在我们的性情中，在我们的思想中，在我们每时每刻的生活中，这颗心可不能丢。我们还能不能找回自己的这颗心？我的体会是：人可以忙，但不要忘，只要这颗心一直在，就可以做到忙而不忘。

找回這顆心

管峻

我常常会问自己、问大家一个这样的问题：如何能找回我们的这颗心？

为什么这么问呢？因为我总在想，今天这个时代是一个用头脑多过于心灵的时代。人们都在用脑算计，却往往忽略了心灵的力量。

中国人的这个“心”字到底意味着什么呢？“心”字的甲骨文字形（），就是画得惟妙惟肖的一颗心。《说文解字》上讲：“心，人心，土藏，在身之中，象形。”它有什么样的功用呢？《孟子·告子上》中说：“心之官则思，思则得之，不思则不得也。”中国人过去不认为思想是大脑的事儿，而认为思想、思念、思考就是心灵的事儿。

我们今天用“心”组的词有很多，有物理层面的，比如说心脏有没有毛病，心律齐不齐，有的时候会心悸；还有情感层面的，比如心地善良、心智健全、心旷神怡；还有一些介乎物理和情感之间的，比如说心疼到底是个什么感觉？有的时候，你真能感觉到心脏抽搐的那个疼啊！有的时候，这个词表达的只是一种感受而已。

再比如说心慌，是什么感觉？有的人真是会觉得心脏扑通扑通地慌乱，但更多的时候，这个词用来形容对事情没把握，心里没底。这其实就兼有情感意义和物理意义。

当然，心灵的力量，也是一种信念、一种状态。清代有个大才子叫方苞[1]，是桐城派三大代表人物之一，他的名篇《狱中杂记》里面就说过这么一句话：“顺我，即先刺心；否则四肢解尽，心犹不死。”这是负责凌迟之刑的刽子手勒索死囚时说的话，你要是顺从我，按我说的交钱，我就先刺你的心脏，让你少受点罪；否则，四肢都一刀一刀剐完了，心脏还在跳动，痛苦万分。

我们对一件事情灰心了、死心了，就说明在心里已经放

1　方苞是清代著名文学家，桐城派创始人。康熙五十年（1711 年），他因戴名世《南山集》案牵连入狱。《狱中杂记》，记述了他在刑部狱中的所见所闻所感。

弃了，真正地放弃了。

明代大哲学家王阳明，他的心学是一个集大成的学问。历史上的儒家学派，有“孔孟朱王”[1]之称，“王”指的就是王阳明。王阳明认为，“心外无物，心外无理”，这个世界的一切都在人心之中。王阳明曾官至兵部尚书，平定过多场边疆叛乱，但他却提出“破山中贼易，破心中贼难”。平定叛乱之贼是容易的，平定心中之贼却很难，这是人性中永恒的难题。

我们来看一看跟心相关的一批字词，比如“思想”，这是人们用得特别多的概念，两个字都是心字底。“思”字，《说文解字》上解释为：“容也，从心囟声。”（）比大海更辽阔的是天空，比天空更辽阔的是心灵，人的心思能包容万物。我们来看这个“思”字的字形，上面其实是一个代表头脑的囟门，下面是一颗心，大脑加心灵就叫“有所思”。人的头脑中有逻辑，心灵中有情感，理性与感性、逻辑与情感融而为一时，才能够包容万物，这是中国人最早理解的有所思。

跟“思”互训的是考虑的“虑”（），我们经常“思

1　“孔孟朱王”，即儒学创始人孔子、儒学集大成者孟子、理学集大成者朱熹、心学集大成者王阳明。

比大海更辽阔的是天空，比天空更辽阔的是心灵，人的心思能包容万物。

——于丹心语

虑”连用，《说文解字》上也讲：“虑，谋思也。”思虑皆从心，心理的活动停下来才能思虑一下，思虑不是匆匆的事，一定要给自己一段从容的时间，才能够有容乃大。《论语》中有一句我们很熟悉的话，《为政》里说：“学而不思则罔，思而不学则殆。”一个人如果只知道闷头学死知识，根本不去思考的话，那就会越学越迷惘。当然，一天到晚空空地思考，什么内容都不学，那你同样会陷入困境，你的思考也不再进步了。思和学不可分割，一方面要学，一方面要在心中回味、思考。

再来看看思想的“想”字，《说文解字》中讲：“想，冀思也。”（）“想”是在冀思，思念远方的人。而“念”是在常思，所谓“念念不忘，必有回响”，你心心念念总在想着一件事、一个人，必然会有所感应。

思、虑、想、念，基本上都在一个范畴之中，是一种精神活动，中国人统统归结为心灵活动。

再来看一个词——感恩。“感”是什么？《说文解字》中讲：“感，动人心也。”（）感动感动，由感于心，那是要动动心的。感动的理由有很多，但是我们的心还那么易感吗？我们还会轻易动心吗？感人至深，那是要心有所动的。

“恩”是什么？《说文解字》上讲：“恩，惠也。”（）恩惠恩惠，皆从一颗心而起。经常给别人送点小礼物，我们称之为“小恩小惠”，但是仔细想一想，“恩惠”这两个字既不是从金字旁，也不是从贝字底，就说明“恩惠”跟钱财关联不大。这两个字都是心字底，从心里给别人好处才是恩惠。

《论语》中多次用到“惠”（），好的政治是“惠而不费”；仁爱的第五点为“惠则足以使人”，想要让别人真正服从你，就要有恩惠之心。所以，恩惠是一种态度，而感恩就是感念别人的恩惠。能够对别人的恩惠有所感念，自己的心才会柔软而有所动，才会流露出感激之情。那么，如何看待生活中的得到和得不到呢？如果你把得到的一切都看作应该的，那得不到时就只剩下抱怨了；如果你觉得得不到是本分，得到就会感恩，那你就能得到更多。

在对小孩的教育中，感恩是很重要的部分。很多幼儿园和小学都会教孩子唱《感恩的心》，在这个四个字的歌名里，就出现了三个“心”。感恩的教育，可以在小小的心灵里，埋下对于别人恩惠的感激、感念和感恩。

再来看一个词——意志。“意”是什么？小篆字体（）写得特别清楚，因为它是从音的，能够有声音发出来。所以《说

文解字》上讲："意，志也，从心察言而知意也，从心从音。"前文中讲过一个词叫"察言观色"，意思是说，要注意观察别人说话时的细微表情。有的时候，话是意在言外的，话语中的意思并不一定是说话人要表达的真实意思，需要听话的人用心去体会观察。

"意思"可是个有意思的词，有一个段子就能说明。下级去给上级送礼，进去以后很客气地说："领导啊，过年了，这是一点小意思，不成敬意！"领导一看说："你这是什么意思啊？"下级说："没什么意思，就是意思意思！"领导说："那我就不好意思了！"

每一句话里都有"意思"，每一个"意思"都有不同的意思，中文真是博大精深！所以，无论是在书面写作中，还是在言语交谈中，都要用心揣摩每个字词到底是什么意思，组合成句子时又是什么意思。

意志的"志"又是什么呢？"志，意也。"《说文解字》上的好多字都是互训的，先说意是"志也"，再说志是"意也"。心有所之就是志，就是一个人心中有寄托，"在心为志"。有些人意志坚强，是因为他内心有明确的方向，有明确的目标，这个目标给他提供了足够的定力。孔子说："吾十有五而志于学。”一个孩子长到十几岁，知道自觉地在读书中寄托自己的志向了，这才叫“在心为志”。为什么意志力强的人自制力就强？为什么自律的人达到目标的希望就大？因为他的心量大，有明确目标，并足够专注。

如果说意志是刚强的，慈悲就是柔软的。什么叫作“慈”？《说文解字》上讲：“慈，爱也。”（）“慈”就是博大无私的爱。做慈善，那是慈悲之心决定的善良之举。“慈悲”这两个字都是心字底，相由心生，一个慈悲的人必然会有慈祥的面容。在中国家庭中，慈孝是一种传统。中国人过去有个观念，叫作“慈母严父”。父亲是执掌着家中标杆的人，所以要严格。都说孩子是妈妈身上掉下来的肉，所以母亲对孩子的爱是慈悲柔软的。古代称自己的母亲叫“家慈”。

慰藉的“慰”字也是心字底，《说文解字》上讲：“慰，安也。”（）安慰安慰，自己的心能够安下来，把心态放平了，心里舒服了，这种状态才是安慰。对别人也可以施以安慰。当你用言语去抚平他人的情绪，关键是你的话能不能说到对方的心里，只有进到心里了，才算是安慰。

平息的“息”字也为心字底，它的本义是喘。这个字的古体字（），上面是鼻子，下面是心，鼻子对着心，这不

有些人意志坚强，是因为他内心有明确的方向。

——于丹心语

就是呼吸吗？“人之气急曰喘，舒曰息。”一个人心急的时候，呼哧带喘的，心越急就越喘得急促，等到心里平静了，呼吸逐渐就缓和了。这个“息”字，有生息、止息、平息的意思。南北朝文学家吴均曾写道：“鸢飞戾天者，望峰息心；经纶世务者，窥谷忘反。”那些渴望极力高攀的人，看到雄奇的山峰，就会平息功名利禄之心；那些治理政务的人，看到幽美的山谷，也会流连忘返。其实，“望峰息心”就是把心思平和下去。

好恶的“恶”（），也是丑恶的“恶”，《说文解字》中讲：“恶，过也。”《广韵》全称《大宋重修广韵》[1]，是我国北宋时代官修的一部韵书。这部书中训这个字更清晰：“恶，不善也。”什么叫善，什么叫恶，这是个人心中的判断。因为有了判断，人就产生了好恶。这就是《论语·里仁》中说的：“唯仁者能好人，能恶人。”一个仁德的人，不会喜欢所有人，而是爱憎分明。在繁体字里，“愛”字中间有一个心，“憎”左边有一个竖心，爱与憎都是心中的好恶。一个有是非的人，才是仁爱的人，那种永远做老好人、事事和稀泥的人，被孔子称为“乡愿”，这样的人反而没有原则。人的内心不

1 《大宋重修广韵》，是北宋时期陈彭年、丘雍等奉旨编修的一部韵书，是以诗歌的用韵对汉字进行分类的字典。

仅要强大，还要有稳定的准则。

忍受的“忍”（），就是心头的一把刀；忧愁的“愁”（），就是“离人心上秋”，秋色盈盈压在心上，离愁渐起。有些汉字，一望便知它造字的原理，但有的就要去看看它的古字形，才能明白其本义。

从古字形来解释一些字，那真的意味深长。比如说着急的“急”字，其小篆字形（），中间就是一只手。《说文解字》上解释为：“褊也。”什么叫褊？段玉裁在《说文解字注》中说：“褊者，衣小也。”衣服太小，穿着紧巴巴的，就叫“褊”。“故凡窄狭谓之褊”，就是太紧了、太窄了、太小了、太简陋了，这都叫作“褊”。从这个角度来说，急就是心褊，就是心态窄了。从其小篆字形可看出，这心上头有一只手攥着，可不就容易起急吗？所以，人为什么着急呢？有时候是因为心太窄，面对同样一件事，有的人起急，有的人不急，这可不是急性子和慢性子的区别，而是心量的差别。把心修宽了的人，能容得下事儿的人，心量大；动不动就着急，心里装不下事儿的人，心量就相对较小。宽容，是先宽而后乃容，把自己的心养宽了，遇见事儿就容得下。

汉字里是有道德色彩的，而最有道德色彩的字，还要从儒家说起。“夫子之道，忠恕而已矣”，这是《论语·里仁》里面的一句名言。忠恕之道讲的到底是什么呢？《说文解字》上讲：“忠，敬也。”（  ）一个人忠诚于他的事业，就是他对这份事业恭敬而尽心。“恕，仁也。”（  ）有推己及人的仁爱之心，对别人就能宽容一些，这就是“恕”。“己所不欲，勿施于人”，就是自己不喜欢的事情，也不能强加于人。我不喜欢别人对我声色俱厉，那我对别人就要和颜悦色；别人跟我约好时间，我不想他迟到，那么我去别人的地方也不能迟到。这就是推己及人。所以，“己欲立而立人，己欲达而达人”，换位思考，用心去对待别人，这就是恕道。

朱熹先生在《论语集注》[1]里解释“忠恕之道”时，简单地使用了拆字法。“中心为忠”，忠诚最大的标杆不在心外，不是别人给你制定的准则，而是心中的底线，摸着良心办事，自然就会有一份忠诚和敬意。“如心为恕”，要是经常换位思考，当他人心如我心时，你就对他人多了一分理解，自然就会变得宽容一些。“尽己之谓忠，推己之谓恕。”一个人

1 《论语集注》，是南宋著名思想家、教育家、理学集大成者朱熹对《论语》所作的注解。朱熹耗费多年心血为四书做注解，有《大学章句》《中庸章句》《论语集注》《孟子集注》，即《四书章句集注》，是儒家文化史上的一个里程碑，也较为系统地反映了他的理学思想。

尽了全力去做，那不管事情成不成，就做到了“忠”；一个人可以做到将心比心，对别人能多一点体谅，多一分宽容，就做到了“恕”。人这一辈子无非在打两种交道，一是跟人打交道，二是跟事儿打交道，对人多一点“恕”，对事多一点“忠”，如此而已。

与心相关的字，除了心字底，还有一个竖心旁，而且，很多词是把心字底跟竖心旁连着用的。比如说“怨恨”（），根据《说文解字》上的解释，“怨”和“恨”是一个意思，怨就是恨，恨就是怨。再比如说“憎恶”（），憎者恶也，两个字也是同一个意思。

“感慨”同样是心字底、竖心旁连用，《说文解字》上讲：“慨，慷慨，壮士不得志也。”（）所谓“慷慨悲歌”，所谓“慨然长叹”，总是胸中有块垒，不是特别畅顺的时候，人才有很多的慨叹，容易触景生情，感慨万千。

过年时就是特别容易感慨的时刻，回首这一年的日子，想起一些温暖时刻，心中有感动；想起一些遗憾，心中就有了慨叹。所以，过年时是盘点的时刻，也是盘点之后归零的时刻，把一些不如意留给岁月，才能够再次出发。所以，人的感慨不是沉湎于遗憾，而是让自己慨叹之后就此放下。

人的感慨不是沉湎于遗憾，而是让自己慨叹之后就此放下。

——于丹心语

竖心旁和心字底连用的还有“怀念”（），“怀”和“念”也是同义，都是讲心有所思。所谓“去国怀乡”，当一个人远离家乡、亲人的时候，心中就会有思念。“怀瑾握瑜”常用来形容人的好品格，那些美玉一样的品质都在他的性情里。

说到“性情”，这两个字都是竖心旁。日常生活中会有这样的现象，这个人本来性情挺好的，但得了一场病以后就性情大变。为什么性情会变呢？这就要从这两个字的字义中去看，根据《说文解字》上的解释，“人之阳气性善者也”，这是“性”（），“人之阴气有欲者”，这是“情”（）。性从阳气，是本性中的至善，而情从阴气，是因为意念有所动。《礼记·礼运》中说：“何谓人情？喜怒哀惧爱恶欲七者，弗学而能。”这七种不学就有的本能感情，就叫人情。古语说：“阳气者仁，阴气者贪。”（《孝经纬·钩命决》）人从本性上来讲崇尚善良和仁爱，但是有太多阴气聚敛，就会有人情中的贪婪。所以，“情有利欲，性有仁也”，性与情是一组平衡，人要用善良的本性，去制伏过多的七情六欲。“情”跟“欲”总是连在一起，如果不加节制，就会欲壑难填。孔子时期就开始主张“欲而不贪”，可以满足正当的欲望，但不要纵容、贪婪，不要欲壑难填，就是要平衡人的性与情。

这种“性”与“情”的平衡，体现着天人合一的哲学理念，这在汉字里看得一清二楚。什么才是人的本性呢？怎么样用本性中的善来制衡自己呢？孟子认为，仁义礼智这四种德行，是人最初的本性，称为“四端”，即“恻隐之心，仁之端也；羞恶之心，义之端也；辞让之心，礼之端也；是非之心，智之端也”（《孟子·公孙丑上》）。

“今人乍见孺子将入于井，皆有怵惕恻隐之心”，当你看见小孩爬着爬着要掉井里了，你会赶紧一把拉住这个孩子，不能让他掉下去，这就叫仁慈之心。人与人见面时打个招呼，分东西时不争不抢，有所辞让，这就是礼仪之心。知道什么是羞耻、羞恶，知耻近乎勇，这就是大义之心。明辨是非，这就是智慧之心。这四者都是人性中最初就有的，所以，孟子说：“人之有是四端也，犹其有四体也。”人这四端就犹如人体的四肢一样。孟子说，这四者“苟能充之，足以保四海；苟不充之，不足以事父母”。仁义礼智，再加“信”，这五者如果我们能够坚持并扩大充实的话，可以保四海、安天下，但如果做不到的话，在家都无以赡养、侍奉父母。

前文说过，“保”字就是一个人身上背着个孩子。那么，一个人能否背负起保四海、安天下的责任，甚至往小的方面说，能否对自己的家人负起责任，就看其性情、本心到底还在不在。

我们今天用的好多词，看起来是形容外在的，其实是起于人心的。比如说奇怪的“怪”字，《说文解字》上讲：“怪，异也。”（）我们有时候说，某件事怎么那么奇怪呀？其实就是指事情比较异常！奇怪，是自我内心的判断。有些事情你都司空见惯了，就不觉得奇怪，刚刚见到时不适应就会觉得奇怪，所谓“见惯不怪”。有的时候人怪异什么、怪罪什么，也要看你的眼界、见识、判断和包容。有个词叫“怪不得”，怪不得怪不得，就是我了解这个道理、原因了，对这件事就不能怪罪了，或者不觉得奇怪了。

后悔的“悔”字，《说文解字》上讲：“悔，悔恨也。”（）悔恨、忏悔都是竖心旁，心中有悔意，其实跟“知耻近乎勇”是接近的。一个人要有反省的能力，做错了事情，如果不懂得反省和忏悔，那是要招致别人的愤怒的。这个“愤”（）字也是一种心情，一个人招的愤怒太大了，叫“人神共愤”。

孔子说“仁者不忧”，可以用仁爱去除心中的忧伤。一个心思博大的人，没有那么多的惭愧，做事坦荡光明，就少一点忧伤。“忧”（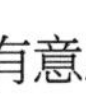）是从心的，繁体字“憂”从心，简体字还是从心。特别有意思的是，还有一个词叫作“忧心忡忡”。

“忡忡”就是忧烦的样子，这个“忡”字是竖心旁加一个“中”字，那就是忧到心里面去了。骨子里的那种忧伤释放不掉，内心持续着忧烦的状态，才是忡忡之状。

“知者不惑，仁者不忧，勇者不惧”，迷惑的“惑”是从心的，忧伤的“忧”是从心的，恐惧的“惧”也是从心的。这几个字，用今天的话来讲叫负面情绪。负面情绪要从心中解决，人才能阔达、强大起来。

懦夫的“懦”（），是竖心旁，《说文解字》中讲：“驽弱者也。”“驽”就是马里面比较劣的，人里边弱的叫“懦夫”，马里边弱的叫“驽马”。《荀子·劝学》中说：“骐骥一跃，不能十步；驽马十驾，功在不舍。”劣马虽然跑得慢，但只要坚持不懈，一样可以达到目标。如果你不能让自己的心强大起来，你就是一个软弱的懦夫。强者是能够振奋自己内心的人，因为内心可以决定外在的状态。

“懒惰”这个词是指行动上的，但都是竖心旁。一个人懒得上班，懒得收拾屋子，见了人懒得打招呼，这并非腿懒、手懒、嘴懒，其实是因为心里懒。当一个人积极谋职的时候，不会懒惰；谈恋爱的时候，也不会懒惰。对于喜欢的事，人们心里不会懒，行动上就不会拖沓。由“懒惰”而想起来另外一个词叫“懈怠”，这两个字是竖心旁和心字底，所以，懈怠是心里的事。“懈”（），右边是“解”，解开就是松了嘛，把心解开了，让心松下来了，那就是懈怠了。所以，外在的状态是由内在的心态决定的。

更有意思的是，古人甚至认为外在的节奏也跟内心的状态相关。比如形容节奏的词“快慢”，都是竖心旁。有人做事快，有人做事慢；有人是急性子，有人是慢性子。“快”（），《说文解字》上解释为“喜也”，其实它并不仅仅是用来形容速度高的，往往还跟一些欢乐的词连在一起用，比如祝贺别人节日快乐、生日快乐，就是希望别人在这些特殊的日子里过得高兴喜乐。心里欢快，做事自然速度就快，是心里的愉悦带来的行动上的快速。

有个词叫作“乘龙快婿”，这从何而来呢？据传说，秦穆公的小女儿名叫“弄玉”，擅长吹笙，后来，她嫁给了擅长吹箫的萧史。结婚之后，她就开始跟丈夫学吹箫，学凤凰的鸣叫声。十几年之后，弄玉的箫声和真正的凤凰啼鸣毫无差异，甚至引来了凤凰。于是，秦穆公专门给这对夫妇修建了凤凰台，以便让凤凰经常停驻。但是，这样神仙般的日子过久了也会厌倦，两个人决定到华山隐居。于是，弄玉带着她的笙乘上了彩凤，萧史带着他的箫上了金龙，两个人双双向华山飞去。后来，人们就把萧史称为“乘龙快婿”。

说完了“快”，再来说说“慢”（），《说文解字》上解释为“惰也”，就是懒惰的“惰”。还有一种含义叫作“慢，不畏也”，怠慢、傲慢是因为心中没有敬畏，所以才会有轻慢之意。有时候去一些机构办事，负责人动辄爱搭不理的，让你一等就是三四个小时，为什么呢？这就是怠慢，因为办事的人没太在乎你，觉得你熬得起、等得起，如果是他认为特别重要的人，那就是加塞儿也会快点办完的。在一个聚会或会议中，越是身份重要的人，越觉得自己有迟到的理由。因为他的身份比其他人重要，地位比其他人高，心中就有了傲慢，有了对别人的怠慢。由此来看，快和慢真的不只是外在的节奏，还是内心的比较。

有的时候，我们教育小孩子说，你就不能快一点？这其实是告诉他，无论对学习还是对人，都要打起精气神来，欢快地、愉快地去做事，自然就速度加快了。所以，快与慢是态度上的取舍。

心字底还有一个变体，恭敬的“恭”字，下半部分是“小”字再加一点。其实“恭”字的小篆字体（），下半部分就是“心”字。恭，《说文解字》上解释为“肃也”，也就是

怠慢、傲慢是因为心中没有敬畏，所以才会有轻慢之意。

——于丹心语

肃静的意思。那什么是“肃”呢？段玉裁在《说文解字注》中说：“肃者，持事振敬也。”心中有一种肃静之意就叫作“恭”。《论语·子路》中写道：“居处恭，执事敬，与人忠，虽之夷狄不可弃也。”樊迟问仁，孔子说：“在家时能洁身自好，工作时严肃认真，待人忠心诚意，即使到了不开化的地区，也不可背弃。”内心有敬意，外在才有恭。所以，小篆字体的“恭”字，是双手举着东西要敬给别人，一颗心在下面。如果没有了底下这颗心，表面做出来的东西，就不会是真正的恭敬。

现在有很多指导社交礼仪的书，教我们打招呼、握手、用刀叉、碰杯的礼仪细节。其实这些只是外在的规矩，真正谦逊有礼的人，首先是有恭敬的心。

在降生之初，每个人的心都差不多，但随着成长、成熟，就逐渐分出大小了。心是要不断滋养的，养大这颗心，就能包容万种境界。心量小的人，碰上一点小事，心里就会不舒服，甚至出毛病。

有一个小和尚问：“师父，你老说心大心小，这人心的大小到底能有多大差别呢？”

师父说：“你把眼睛闭上，用你的心给我造一座城池。”

小和尚闭上眼睛，一边想一边说：“高高的城墙，深深的护城河，城里亭台楼阁、花草树木……”

他讲了好久才讲完，师父说：“再用你的心给我造一根毫毛。”

小和尚又用心去想象了一根细细的、颤巍巍的毫毛，说：“我也造好了。”

师父就问他：“刚才你造了那么大一座城池，都是用自己的心造的吗？”

小和尚说：“当然了，没有别人跟我说话，也没有人提醒我，那座城池都是从我心里造起来的。”

师父又问：“你刚才造了那么细小的一根毫毛，用的是全部的心吗？”

小和尚说：“当然了，我全心全意造这根毫毛的时候，也没有办法分心想别的。”

什么叫心大？什么叫心小？看你把心放在多大的事上。

不断地滋养自己的心，那就是天地宇宙之心；不去滋养的话，这颗心是会得病的。疾病的“疾”（  ），《说文解字》上解释为“病也”，它也是一种病。“疾”是病字头下面加一个“矢”，矢就是一支箭，这个字形就像一个人的腋下中箭。所以，小伤叫作“疾”，重了以后叫作“病”。

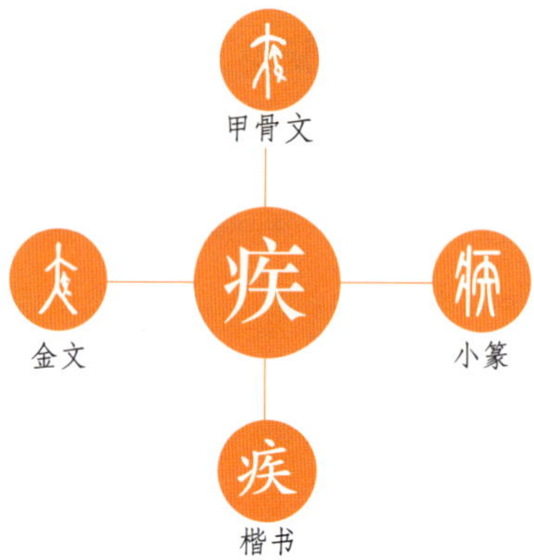

病字头的这个字“疒”读作 nè，《说文解字》上解释为：“倚也，人有疾病，象倚箸之形。”其甲骨文字形（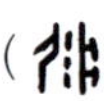）就像一个人卧倒在床上，只不过是把床给立起来了。一个人病的时候还会大汗淋漓，就是这样形成了这个病字头。

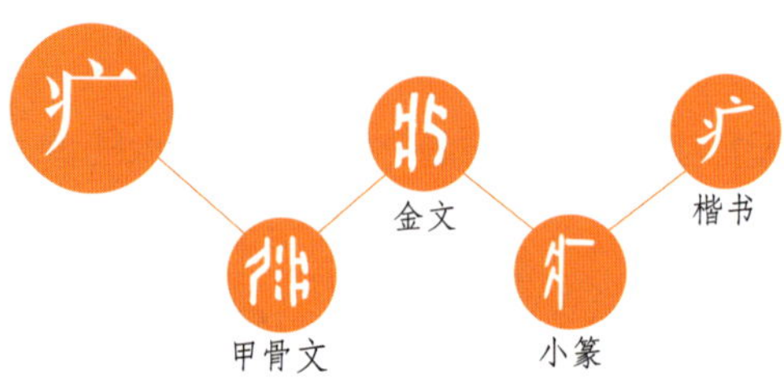

再来看“病”字，《说文解字》上说：“疾加也。”（）原来的小疾更严重了，这才是有病了，痛得深了，才真正引起

了注意。文章写得不通顺、有语病，“语病”就是从这里引申过来的。病在心里，那就是一个人最担心的事。《论语·卫灵公》中有这样一句话：“君子病无能焉，不病人之不己知也。”君子只会担心自己没能力，不会担心别人不了解、不赏识自己。其实，有很多人都很在乎别人的看法，被各种各样的看法左右着：为什么不了解我呢？为什么冤枉我呢？为什么搬弄我的是非呢？孔子告诉我们，如果你真有能耐、真有本事，如果你光明磊落、了解自我，别人对你有再大的误会、误解，都不会成为你心里的挂碍。所以，以什么为病，就是心里的一个判断。

疾病多为身体上的疼痛，是生理感受，但一些病字头的字后来也转化成了心理感受，比如痛、痒，都有这样的转化过程。痛击、痛改前非，这两个词中的“痛”字是用来形容程度和决心的。“痒”字最初是指身上痒痒，但是逐渐发展到手痒痒，说得文雅一点叫“技痒”，因为对某件事擅长，看着别人做，就会技痒。对自己想要又得不到的东西，就会心里痒痒。

其实，这些从病字头的字，都可以用来表达内心的感受。人心中的感受百转千回，有很多细微差别，前提是心得养，还得养得明明白白。心要是养不明白的话，就会生病。星云大师曾经对我说：“知识是个好东西，但如果只知道学知识而不动脑子，那就像好东西吃多了也会消化不良，知识学多了而消化不良也要生病的，这就是痴迷的‘痴’。这世界上的痴男怨女，往往是书念多了没想明白的人，才会痴缠烂打，才会痴迷不悟。”

中国人对内心人格的滋养有很多外在的习惯，比如佩玉、养玉。自古以来，男子身上就有佩戴玉石的习惯。《礼记·玉藻》云：“君子无故，玉不去身，君子于玉比德焉。”如果没有特殊原因，身上的佩玉不会摘下来，这并非因为玉珍贵，而是以玉来象征君子的德行。

“王”字作为偏旁时叫“斜玉旁”。《说文解字》上讲：“王，天下所归往也。”（王）为什么“王”字是三横一竖呢？按董仲舒的说法：“古之造文者，三画而连其中谓之王。三者，天地人也。而参通之者，王也。”能把天地人贯通的人就是王者，所以过去的皇帝叫作“天子”。孔子也曾经说：“一贯三为王。”

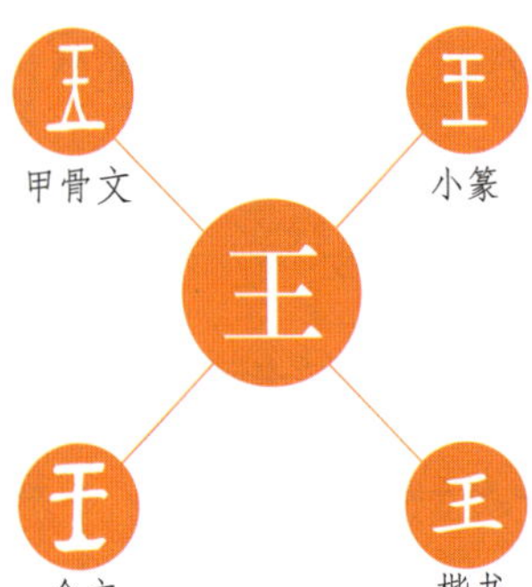

再来看“玉”字，《说文解字》上解释为“石之美”，那些漂亮的石头就叫玉。其甲骨文字形（），就是用绳子穿起来的一小串宝石。玉石之美，契合中国古人的道德和情趣。所以，“玉”字经常用来形容美好，形容美食的有钟鼓馔玉、锦衣玉食，形容美酒的有玉液琼浆，促成好事叫玉成好事，女孩子的漂亮照片叫玉照，生病了叫玉体欠安。大家都知道，《红楼梦》又名《石头记》，黛玉，即玉石的良缘，这个起因是多么隽永啊！

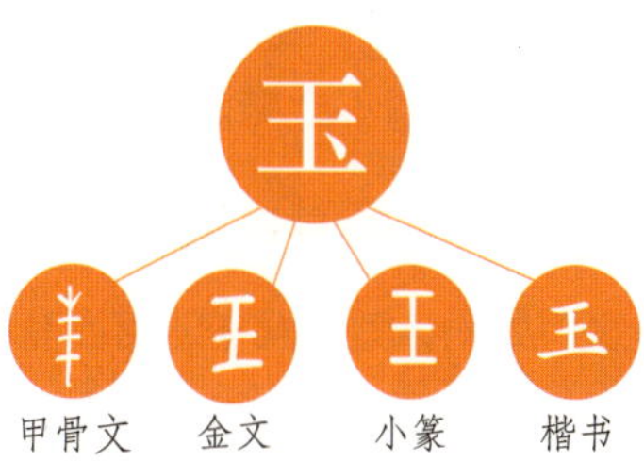

中国人在思念中、感怀中，都常常用到这个“玉”字，《诗经·秦风·小戎》中写道：“言念君子，温其如玉。”我所想念的那个人，他的性格温润如同一块玉。古文中多以玉来形容男子的美，光而不耀，有着温润人格；以珍珠来形容女子，不是钻石那种耀眼的光芒，而是内在饱含着温润的光彩。

《礼记·聘义》中写道："夫昔者君子比德于玉焉：温润而泽，仁也；缜密以栗，知也；廉而不刿，义也；垂之如队，礼也；叩之其声清越以长，其终诎然，乐也；瑕不掩瑜、瑜不掩瑕，忠也；孚尹旁达，信也；气如白虹，天也；精神见于山川，地也；圭璋特达，德也。天下莫不贵者，道也。"这段话是孔子说的，他认为，玉的温润光泽如君子的仁爱之心；坚硬而有细密的纹理如君子的智慧；廉而不贵，碎裂的玉石虽有棱角却不会伤人，如君子之义；垂挂的时候如同要跌下来一样，如君子的守礼；敲击时，玉声清脆悠扬，最后又戛然而止，就像动听的音乐；玉的温润美丽不会掩盖其缺点，它的瑕疵斑点也不会掩盖其优点，如君子的忠诚，光明磊落；玉的光彩晶莹从各个角度看都是表里如一，就如君子的言而有信；产玉之地，天上气如白虹，与天相应；山川草木丰美，与地相通；朝聘之时，玉石所制的圭璋可作为礼物，不假借他物而自然合乎礼，就如君子之德；天下无不以美玉为贵，就像对道德的敬重一样。由是观之，玉的品质和君子的品德是一致的。

《诗经·郑风·子衿》中写道："青青子佩，悠悠我思。纵我不往，子宁不来？"我想念着你的佩玉，难道我不去找你，你就不能主动前来？女子的想念往往是拴在意中人身上的那块圆圆的佩玉。《诗经·卫风·木瓜》说得更好：

> 投我以木瓜，报之以琼琚。匪报也，永以为好也！
> 投我以木桃，报之以琼瑶。匪报也，永以为好也！
> 投我以木李，报之以琼玖。匪报也，永以为好也！

木瓜、木桃、木李是三种水果，而琼琚、琼瑶、琼玖都是指美玉。你赠我水果，我回赠给你美玉，不是要报答你，而是向你表达我的心如同美玉一样，愿意和你永相好。这是一份对美好感情的珍视。

很多跟玉相关的字，既是对品德的寄托，也是对内心的滋养。比如“玩弄”（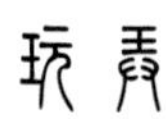）这两个字，都从玉，而且是互训的。“玩，弄也，从玉元声。”“弄”字的小篆字体，上面有一块玉，下面有两只手，双手持玉即为“弄”。古代的家庭里生男孩子叫“弄璋之喜”，生女孩子叫“弄瓦之喜”，璋是上好的玉石，瓦是纺车上的零件，可以看出古人重男轻女的思想。

斜玉旁还有一个特别有意思的字，就是治理的“理”字。因为玉没有被雕琢时叫作“璞玉”，就是包着石皮的玉。工匠雕琢璞玉的时候，首先要顺着玉的纹理小心翼翼地把外表的石皮剖开，细心地剥出一块美玉，这个过程叫作“理”。《说文解字》中说：“理，治玉也。”（）后来从理玉引申出来治理、管理的含义，其实都是指按照规则来进行。对玉石的加工，第一步是“理”，第二步就是“琢”（），细细地雕琢出造型、花纹。所以，“琢”比“理”要更精细一些。《三字经》中说：“玉不琢，不成器；人不学，不知义。”玉石不经过精细雕琢，就不会成为精美的器物；人不学习，就不会成才。

心灵拥有强大的力量，无论科学技术多么发达，无论物质条件多么富足，内心的精神力量都不可被忽略。在我们的性情中，在我们的思想中，在我们每时每刻的生活中，这颗心可不能丢。忘记就是一种丢失，这个“忘”（），亡心为忘，心不在的时候，就说明忘了。“亡”和“心”还有另外一个造字组合，即竖心旁加“亡”，就是忙碌的“忙”。在生活中，我们每个人都觉得自己特别忙，忙着忙着就会忘记很多事，忘了父母的生日，忘了孩子的家长会，忘了对自己进行充电……忙的都是那些工作的事情、挣钱的事情，这些当然都很重要，但我们应该想一想，忙忘了的那些事，真的就不重要吗？

我们还能不能找回自己的这颗心？我的体会是：人可以忙，但不要忘，只要这颗心一直在，就可以做到忙而不忘。

大道直行

大道直行，我们走回中国人的根本，就会看见，道德其实跟道路是相关的。走在头脑决定的正道上，用眼睛不断地审视。端正的品德，由心到眼，决定了我们的脚步。顺着这样的路走下去，我们才能真正走向通达。

大道直行

在古文字里，有些字的通假用法很有意思，比如说道路的“道”跟道理的“道”，就是同一个“道”（）。人用脚去走，那就是条道路；用脑子去走，也许就是个道理。那么，不妨就让我们循着先人的脚印，回到最初道路与道理的那个相交点，去看一看古人的智慧。

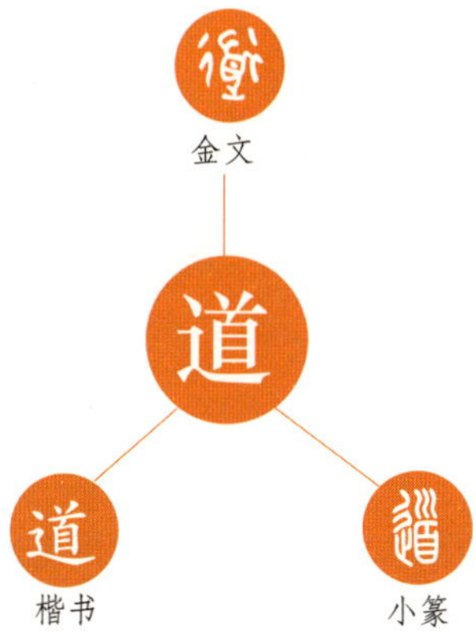

道路是用来行走的，人生的路也是用来行走的，走着走着，就有了正路、邪路，有了对、错，有了是、非。“行不行”

是很多人的口头语，这个“行不行”就是跟走路相关的。

“行”，其甲骨文（）、金文（）、小篆（）字形，都是一个十字路口。人站在十字路口上，不知道往何方去，在这种徘徊犹豫中，就会想走哪条路呢？这条路行不行呢？这个“行”字本音是读 háng，意思是指大道。《诗经·周南·卷耳》里面有这么一句：“采采卷耳，不盈顷筐。嗟我怀人，寘彼周行。”女子在田里采着卷耳菜，采来采去不满筐，心里头就开始想念远方的丈夫了，就干脆把筐放在了路边。其实，比如行伍、一行字等，这个 háng 的字音一直在用。

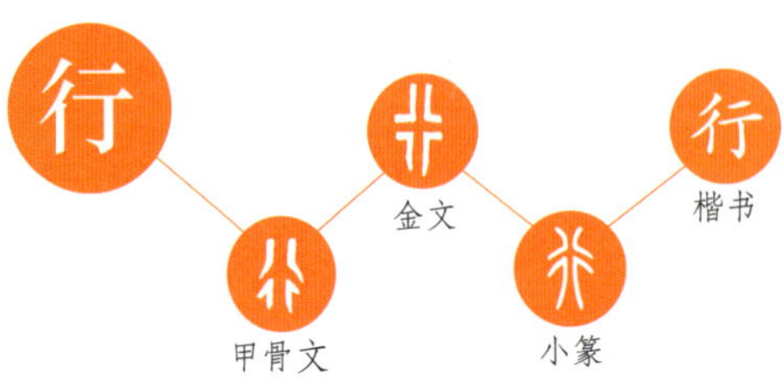

李白在《行路难》[1] 中慨叹：“行路难！行路难！多歧路，今安在？”在十字路口，人徘徊而不知何往。不论如何徘徊，最终还是要选一条路走下去。在长长的路途中走着，就叫“进行”，再引申开，一件事情有它的可行性，行得通还是行不通，办事的时候有执行力的问题。这个“行”字，就如同《古诗十九首》[2] 里的“行行重行行”，走啊走啊，道路就是在行走中开辟出来的。中国有一条特别长远的道路，大汉的时候一直通到地中海边，就是漫漫的丝绸之路。其实在那么远的路上，很多人都是一步一步行走过来的。

“行”字左边是双立人旁，太多与行走相关的字都有这个部首。比如徒步的“徒”（  ），双立人加一个“走”，表示艰辛，也表示了一种骄傲，因为最便捷的交通工具就是人的双脚。用自己的脚走在路上，不依凭任何交通工具，这就是徒步。今天的各种交通工具空前发达，但还是会有很多人结成组织，去徒步旅行。因为什么都不依凭，所以“徒”字又引申出来白费力气的含义，比如“徒劳无功”，就是白辛苦一场，没有取得任何结果。一个家里面没有什么家具摆设，叫作“家徒四壁”，只有四面白墙。

小的时候我们辨别字形时，“徒”最容易和迁徙的“徙”搞混。“徙”字的甲骨文（  ）、金文（ ）、小篆（ ）字形，就是两只脚对在一起，它也是双脚的行走。“徒步”和“迁徙”的区别是什么呢？徒步可能是一个人，但迁徙更多地用于整个部落。北方的先民，他们逐渐走出山林，离开狩猎生活，走向了游牧的生活方式，而后又从游牧的生活中停驻到一个个城邑。在这个过程中，每一个迁徙的部落，都徒步走过了千山万水。在那个时候，“徒”和“徙”这两个字是连接在一起的。回到当下，今天的我们也会思考，与古人相比，我们的能力究竟是更强了，还是更弱了？我们可以依凭的技术和工具都更发达了，但不如祖先那么能走路了。凭着自己的双脚去走过漫漫征途，这一定是很强大的人才能做到的事情。

一群人走着走着，就会分出先后，“后”的甲骨文字形（），就是在道路上行走时，有些人的脚上因为缠着绳索，被别人牵制而落后。在远古时期的迁徙行走中，有受拘束的人，有被管制的人，有被牵着拉着走的人，所以这个“后”字就是前后的落差。由此引申出来，就有了落后、后进、争先恐后这些词语。

除了双立人旁，还有一个偏旁部首跟行走有关，就是“辵”。《说文解字》中说：“辵，乍行乍止也。”（）走一走，停一停，就是乍行乍止。这个偏旁后来演化为两个不同的偏旁，一个是走字旁，比如趋势的“趋”、追赶的“赶”就是走字旁，另一个就是走之旁——辶。

走之旁是使用比例很高的一个部首。比如“达”（），其本义是指一条特别通畅的大道，“行不相遇也”为“达”，这路宽到大家相向而行都看不到对方。有句话叫“大路朝天，各走一边”，这样的路才叫作“达”。《尔雅·释宫》中说：“一达谓之道路，二达谓之歧旁，三达谓之剧旁，四达谓之衢。”“一达”指通往一个方向，“二达”指没有岔路，“三达”指丁字路口，“四达”指两条路十字交叉。“通衢大道”就是从这里来的。

什么叫“发达”？就是希望人生的路能够越走越宽阔。儒家有“己欲达而达人”，要想自己的路走得顺畅，也要让别人的路走得顺畅，大家都走得顺畅，那就是通衢大道了。行走本身不是目的，而是为了达到一个目标。所以这个“达”字，后来就引申出达到之义。《论语》中有“欲速则不达”，做任何事情都不要过分追求速度，越想着加速，反而不能尽快达到目标。这个道理在道家的思想里也有体现，《老子》第二十四章中说：“企者不立，跨者不行。”这是行走中得来的经验，踮起脚尖想要站得高，反而站不住；迈起大步想要前进得快，反而不能远行。“企”（），《说文解字》上解释为“举踵也”，就是踮着脚尖。企鹅走路时摇摇摆摆的样子就像是踮着脚尖，所以中国人给它命名为“企鹅”。企图，就是踮着脚尖、伸着脖子去拿一个东西。你踮着脚尖，看着是站得高了，但长久地踮着脚尖，就会站不稳，这叫“企者不立”。跨大步比小碎步迈得远，但不能持久，最终还是不如小步快走效果好。所以，人追求一时的速度，就会欲速则不达。怎样保持着恒定的速度，这就是行走中的学问。

“逆”（）字也是走之旁，其原意是“迎也”，迎候一个人。你跟他是面对面的，是相反的方向，所以，“逆”

人追求一时的速度，就会欲速则不达。怎样保持着恒定的速度，这就是行走中的学问。

——于丹心语

字后来逐渐衍生出与顺相对的意思，不顺为“逆”。人生有两种状态，一个是顺境，一个是逆境。《孔子家语》[1]里言道：“良药苦口利于病，忠言逆耳利于行。”人有时候听到的不会全是赞美、夸奖，那些不怎么顺耳的劝诫、忠告反而有利于改进你的言行，促使你有更大的进步。这几年从网络上流行开一个新词——逆袭，就是指一个原来不起眼的人，在并不顺达的环境中，突然之间出乎意料地成功了。“逆水行舟，不进则退”，人在逆境中如果不能向前进，那就意味着在退步了。当你的参照物都在往前走的时候，你走得慢就是退步，更不要说止步不前了。

1 《孔子家语》，又名《孔氏家语》，是一部记录孔子及孔门弟子思想言行的著作，传为三国时魏国人王肃整理。

再来看“进”，其繁体字“進”，是走之加一个“隹”；小篆字体（）是左“走”右“隹”。在古文字中，“鸟”是指长尾巴的禽类，“隹”是指短尾巴的禽类。那么，“进”就是奔跑着去追赶短尾禽。短尾禽类一般都跑得比较快，那么，你能追得上就叫“进”。人要不断地进步才能赶上潮流，赶上时代的脚步，赶上别人的脚步。这个“赶”（），《说文解字》上解释为“举尾走也”，是指兽类翘起尾巴奔跑。“进步”跟“赶上”本来就是关联的，怎么敢轻易停下呢？所以，奔赴的“赴”（），它是奔跑的本义，是要用脚去走的。

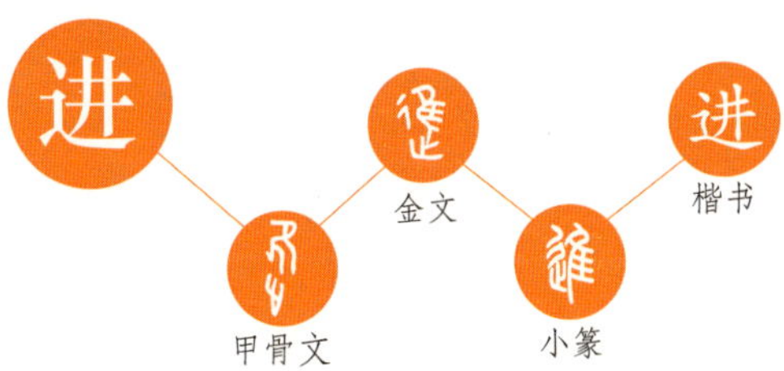

超越的“超”（），本义是指跳跃，只有跳起来才能够超越别人。起立的“起”（），“能立也”为“起”。段玉裁在《说文解字注》里说：“起本发步之称，引申之训为立。”也就是说，光站立起来还不够，“起”是为了“发步”，是为了往前迈大步走。赛跑时，选手们跪在起跑线上等发令

人要不断地进步才能赶上潮流，赶上时代的脚步，赶上别人的脚步。

——于丹心语

枪响，并不仅仅是为了直起身来，还为了在发令之后的第一时间抢跑出去。

追赶、超越这些词都是让自己发力的。你内心的能量越强大，你的腿就能奔跑得越远。在人生这条路上，拼的不是脚力，而是心力。它并不是外人给你修建的可以通达的一个途径，而是要你自己去探索的是非对错的选择。

人生一路向前，日子扔在后面，就如孔子所说：“逝者如斯夫，不舍昼夜！”这个“逝”（  ）字也是走之旁，“往也”为逝，那些过往的、走远了的，就是逝者。每当我们回忆起往昔的岁月，有一些人只留下了远远的背影，在视线中越走越远了。《老子》第二十五章云：“大曰逝，逝曰远，远曰反。”那些离开我们甚至离开这个世界的人，也不见得就一去不返了，远去的会从反向折回来。《老子》第三十三章中说得好：“死而不亡者寿。”有一些人，他们的肉体生命陨落了，但其精神和所做的功业，会一直留在这个世界上。这些人逝去了，但他们会以新的方式，以一种精神的传承，再回到这个世界上，仍然有人在讲述他们的传奇。

说到“讲述”，可能大家会注意到一个问题：讲述是嘴的活动，但“述”（  ）却是走之旁，这是为何呢？《说文

解字》上讲："述，循也。"遵循叫作"述"。叙述某件事情的时候，不能杜撰，不能无中生有，要遵循着它原本的情况。现在有很多学者在做口述历史的研究项目，那些主人公都是历史的见证者，他们以个人的生命走过了一个动荡的时代。讲述其实就是遵循历史的本来面貌，遵循事件的本来面貌，去把真相还原出来。

有些走之旁的字，我们很难一下子想到它的本初意思，比如制造的"造"（）为什么是走之旁呢？因为它的本义是"就也"，是到一个地方去。我们到某个地方见人就叫"造访"，这其实是它的本义，后来逐渐引申出制造之义。一个人在某个专业领域一直学习钻研，叫"不断深造"，就是在这条路上越走越深了，越走学问越精深了。我们说某个人在某方面造诣很深，已经达到了登峰造极的境界，"造极"就是达到了那个最高点。

行走、行动时就会有速度上的快慢，于是也就有了形容速度的一些词语，比如迅速（），这两个字都是走之旁，也都是快走的意思。还有距离上的差别——远近（），还有与其他人碰面的词语——遭遇（）、相遇（）、相逢（），还有行走的状态差别——迤逦（

）而行、逡巡（ ）不前。这个巡逻的“巡”字，本义就是“视行也”，远远地去巡视。

走在路上，我们可以遇见很多风景，也可以遇见很多不测，心中的很多期待终于实现，也有一些事情猝不及防地就到了眼前，甚至就此改变了我们的方向。我们到底该如何选择要走的道路呢？

《说文解字》上讲：“道，所行道也。”（）人所行走的那条路就叫作“道”，里面是首先的“首”，外面是走之旁。从字形上来拆解，一个人站在十字路口想，究竟选择哪条路才是正确的，这个判断、选择的时刻就叫作“道”。最后决定走哪条道，是由大脑决定的，所以，人是不是走正道，也是由大脑决定的。今天的道路建设得好，到哪里去都四通八达，可以坐汽车、坐火车，但不一定就能保证选对道路。在道路上，真正有决定权的还是人的头脑，所以，用脚选的叫“道路”，用心选的就叫“道理”。为什么《中庸》中说“道不远人”？真正的天地大道离人很近，就看你能不能够去选最正确的那条路。

“道”和指导的“导”（），在古文字中是同源的。繁体的“導”，就是道路的“道”下面加一个“寸”字。所以，

人要想走正道，光靠自己的判断还不够，还要去选择导师。所谓“古圣先贤”就是指导别人如何去选择道路的。古代的文人一直有“为王者师”的抱负，屈原在《离骚》里写道：“乘骐骥以驰骋兮，来吾道夫先路。”这里的“道”其实就是“导”的本义，这句话的意思是，屈原愿意指导给楚怀王一条遵循古圣先贤的正确道路。屈原的人生后来为什么会那么失落呢？因为他给自己的人生定位，就是要做为楚王引导大道的圣人，也就是说，他一直把自己视为王者师。他知道怎样才能“遵道而得路”，知道明君要走的不是“捷径以窘步”，而是通天大道。

“道”和“路”又有什么关系呢？“道”是走之旁，是人所走的道路，而“路”，正如鲁迅先生所说：“其实地上本没有路，走的人多了，也便成了路。”“路”是从足字旁，要有人去走，这就是“路”的本义。“路”字的足字旁上面的那个口，其实就是人的膝盖，下半部分就是小腿和脚，这个字形从金文（）到小篆（）都是如此。

有腿和脚，人才能往前走，从字形上看，“走”（）字就是一个人摆着臂大步往前走的样子。比“走”速度更快的是“奔”（），“奔”字的字形，下半部分有三只脚，“三”

在古文中常用来表示“多”的意思，这么多脚就是用来形容速度之快的。在动画片中，那些卡通形象跑得特别快时，看着就不是两只脚了，而是好多只脚。

提起中国足球，好像不如欧美国家那么发达，其实足球却恰恰是中国人发明的。早在二千三百多年前的齐国，其都城临淄就有人蹴鞠了。那个时候，我们的祖先就很会用自己的脚，所以由“足”字引申出来的概念就有很多。亲兄弟叫“手足”，手和足都是身体的一部分，不可分割。“足下”是对同辈、朋友的敬称，司马迁的《报任安书》[1]一开始写的就是“太史公牛马走司马迁再拜言。少卿足下”，我愿意在你的脚下，用以表达敬重之意。

再来看“插足”这个词，为什么说第三者是插足呢？就是他的脚站在了两人的中间。跟随的“跟”（），《说文解字》上解释为“足踵也”，就是脚后跟，“跟随”就是你的脚尖跟着别人的脚后跟。屈原说“及前王之踵武”，我愿意跟着先人的足迹走。

1 《报任安书》，是司马迁写给友人任安的书信，诉说了自己因李陵之祸所受的屈辱，倾吐了内心郁积已久的痛苦与愤懑，并交代了著述《史记》的初衷和过程。这对研究司马迁的思想及《史记》有着极其重要的价值。

小时候，老师带同学们去人民英雄纪念碑参观时会说，大家要跟随先烈的脚印前进。其实，跟着脚印走，这不就是跟随吗？“跟进”也是这个意思。

蹩脚的“蹩”（），把足字旁放在了底下，“踶也”，也作“跛也”，就是行走的时候一瘸一拐，行不正为“蹩”。所以要走正路，脚步稳健，走通衢大道，能“行不由径”，这样你走的路就不会蹩脚。

其实要说对汉字的学习，从偏旁部首来入手的话，就会比较简单易明。不管教外国人，还是教小孩子，都可以从偏旁开始。比如说，我们可以跟孩子玩个游戏，看一看我们的脚都能做出什么动作。随着一个个的动作演示，“跳”“蹦”“踢”“跑”“蹲”“跨”这些字就出来了；再抽象一点的，还有“蹈”“踏”这些字。孩子做一个动作，大人就写出这个动作的字。当你写出来一系列字时，才发现足字旁的字，并不比提手旁的字少。

再来看舞蹈的“蹈”（），《毛诗序》中说：“在心为志，发言为诗。情动于中，而形于言。言之不足，故嗟叹之。嗟叹之不足，故咏歌之。咏歌之不足，不知手之舞之，足之蹈之也。”诗歌不足以表达的时候，就用慨叹、唱歌来表达，

如果这些还不足以表达的话，就会手舞足蹈。舞蹈并不见得是专业舞者的事情，它只是人们表达情感的一种方式而已。

意气飞扬的时刻才会有“高蹈”这个词，“国朝盛文章，子昂始高蹈”，这是韩愈夸赞陈子昂的话。一个人要有怎样的意气才能去高蹈？陈子昂这样的人，是“前不见古人，后不见来者。念天地之悠悠，独怆然而涕下”的人，所以他的文章中才能够有高蹈之势。由此来看，人能不能够用好自己的肢体，关键还是在于内心。

如果行走的时候力量不足，也有很多特别生动的形容词，比如步履蹒跚。“蹒跚”二字也从足，就是走得东倒西歪的样子。

一个人气场很强大，就会有人拥护他，这些人就叫“拥趸”。这个“趸”字写得多形象，万足为趸，那么多人围绕在身边，都向你跑来，这就叫“趸”，用今天的话讲叫粉丝。明星的周围都有大量粉丝，当然，现在不用脚跑了，用微博、微信跑，但这个本义就是从万足而来的。

有不同的路，也就有了路上的道理，也就有了人选择的姿态。所以说，光会走路还不行，还得知道什么是正路。《说文解字》上说：“正，是也，从止。”（ 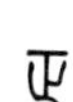 ）这个“正”字，上面是一横，下面是一个“足”，这一横表示止于此，其实

就是一个标准。我们经常能看到禁止通行的指示牌，就是要禁足于此的意思。“正”字，按照今天的话讲，就叫有规矩。人知道有不能走的地方，才能够确保你能走的地方是通畅的；人有有所不为的坚持，才能保障你有所作为的那些原则。所以，“正”并不是路路畅通，而是有所停止、有所不为。

“正”字还有一讲，说这一横是人向着目的地走去。不管怎么讲，有方向、有目标，也要有所止，这才是一条正路。我们走在路上，各种路标、路线比古代丰富很多。过马路时，要走过街天桥、地下通道，或者走斑马线，看红绿灯。如果你不遵守交通规则，出了交通事故就完全是自己的责任。所以，不管走什么路，心里都得有这个“正”字。

“正”字加上双立人，就是长征的“征”（）。“征”的本义为“正行也”，堂堂正正、坦坦荡荡地走。从正字的还有整齐的“整”（），《说文解字》上说：“整，齐也。”按照一定的秩序把东西摆放整齐，这就叫作“整”。

更有意思的是政治的“政”（），也跟人的行走是一样的。行走是个过程，执政更是一个过程，《说文解字》上讲得好，“政，正也”。什么是政治？“政”的古体字形，就是一个人手执木杖走向城邑。那么，在城邑中执掌政权的

人知道有不能走的地方，才能够确保你能走的地方是通畅的；人有有所不为的坚持，才能保障你有所作为的那些原则。

——于丹心语

人，手中有权杖的人，他的人格必须是方正的。所以孔子才会说："其身正，不令而行；其身不正，虽令不从。"一个领导者自己正直坦荡，他不用下命令，别人也会一路跟随他；如果他做人不端正，就算不停地下命令，人们照样可以找出种种理由来不跟随他，他的政令就执行不了。

孔子曾提出过美政理想，认为政治不应该是残酷的，不应该有潜规则，它应该是正直、美好的，有坦荡直率的人格，让大家本乎中庸，完成整个世间秩序的平衡。所以，孔子在讲政治的时候提出要"尊五美"，要有五种美好的品德流行于世。"惠而不费，劳而不怨，欲而不贪，泰而不骄，威而不猛。"第一点叫"惠而不费"，好的政治要把恩惠施与每一个老百姓，但不纵容浪费；第二点叫"劳而不怨"，人都有公平的劳动机会，但不会抱怨；第三点叫"欲而不贪"，满足平民百姓正当的欲望，但绝不纵容他们的贪婪；第四点叫"泰而不骄"，要泰然庄重，没有骄横跋扈之气；第五点叫"威而不猛"，有威信、有威严，不使用言辞猛烈的话。后两美，基本上是在说一个好的从政者、官员的仪态。

这种五美的政治，都是有平衡度的，所以其核心点就是要由正直的人来做。孟子曰："是非之心，人皆有之。""是"

（  ），《说文解字》上讲：“是，直也，从日正。”正午时分，太阳直射，所以人的影子就只有自己双脚下的一团，这就是“是”。

段玉裁说：“天下之物莫正于日也。”正午的太阳是最光明的，它投下的影子就叫作“直”（  ）。所以，《左传》上有个说法，叫作“正直为正，正曲为直”。把直的东西放得很正，就叫作“正”；把弯曲的东西放正了，就叫作“直”。

“直”为什么重要？因为中国人的美政理想，跟从政者个人人格的正直是相关的，有正直的人格，才会有正直的能力。孔子说：“举直错诸枉，能使枉者直。”把正直的人放在不正直的人之上，让不正直的人也必须遵循正直的规则，这就是一种好的政治。如果反过来，“举枉错诸直”，让不正直的人总压着仁人志士，那正直的人就没有办法把他的美德发挥出来。所以，是不是能够让正直成为天下的法则，能够让大家尊重正直的人，觉得正直并不会吃亏，这也是一个正直的道理。

有一句老话，叫作“摸着石头过河”，因为有时候水里的路蹚不出来它的深浅，人就要去探索。陆地上的路也是一样的，太多的事情是在探索之中，最后确定了哪里才叫大道。

『直』为什么重要？因为中国人的美政理想，跟从政者个人人格的正直是相关的，有正直的人格，才会有正直的能力。

——于丹心语

说到根本，中国人有一个最重视的字，跟双立人旁有关，那就是“德”（）。道德，居然跟行走有关。什么是“德”呢？从甲骨文字形上来看，人在行走中“目视悬锤，循行察视”，一边走一边审视，目光是直的。在“德”的金文字形中，又加上了“心”字。眼光为什么是直的？因为有自己的心在做判断，“心正而行端”，心里端端正正，走的路就不会偏。

大道直行，我们走回中国人的根本，就会看见，道德其实跟道路是相关的。走在头脑决定的正道上，用眼睛不断地审视。端正的品德，由心到眼，决定了我们的脚步。顺着这样的路走下去，我们才能真正走向通达。

端正的品德，由心到眼，决定了我们的脚步。顺着这样的路走下去，我们才能真正走向通达。

——于丹心语

※ ※ ※

解读这许许多多的汉字，是在以我自己的方式向汉字致敬。说实话，对于汉字，我是一个外行人，是一个学习汉字、使用汉字的人，是一个对汉字怀有深情的人。在解读的过程中，免不了会有很多错漏之处，其实，中国人对于汉字的发现一直都在路上。

在 1899 年夏日的某一天，《老残游记》[1] 的作者刘鹗，他到北京的大药店达仁堂，去给正在患疟疾的好朋友王懿荣买药。这个药方里面包含了一味好几个世纪以来一直在用的普通中药，就是龙骨。刘鹗站在药店里看着伙计磨碎龙骨，他突然惊讶地发现，龙骨上似乎有字，他跟王懿荣说了这个情况。等到王懿荣病好之后，两个人就跑遍了北京所有中药店，把能找到的龙骨都买下来了。结果在这么多的龙骨上发现了很多奇奇怪怪的字，其实这就是最早发现的甲骨文。

1　《老残游记》，晚清四大谴责小说之一，刘鹗的代表作。

四年以后，其实已经跨了世纪，1903 年，刘鹗出版了他的著作《铁云藏龟》[1]，这是我国第一部著录甲骨文的著作，引起各界轰动。于是，就开始有大批文物商人拥向安阳郊外的小屯。1928 年，对小屯第一次进行了科学发掘，甲骨文出现在我们的眼前。到现在大概找到了 175 000 片的甲骨，这上面有 5000 片左右是有卜辞的。中国社会科学院考古研究所编制的《甲骨文编》里面有 4000 多个甲骨文字，用这个去印证公元 121 年成书的《说文解字》，再用《说文解字》上面的 9000 多个汉字来印证，又有很多新的发现，又有很多新的说明。中国的汉字，从甲骨文演变为钟鼎铭文、金文、小篆，再到隶书，再到楷书，这是一条漫长的道路。这里面有过多少观念的成长，藏着多少我们还没有探知的秘密？

《说文解字》提出了“六书”造字法，有指事、象形、会意，这是最初的造字法，后来加上了形声、转注、假借三种。这六种造字法，铸就了中国文字最早的由来，也成为我们了解汉字的钥匙。对于这样的高妙理论，我们只能深深地致敬。

1 1903 年，清末小说家刘鹗从自己所收藏的 5000 多片甲骨中精选出 1058 片，编成《铁云藏龟》，由抱残守缺斋石印出版，是“殷墟”甲骨文历史上的第一部著录书。

面对博大精深的中国汉字，当我们静穆下来向它致敬时，就仿佛看见了中华民族是怎样循着字迹完成了它的成长。

母语是一个温暖的词，它就像母亲一样，不管我们是热情地理会它、照料它，还是忽略它、漠视它，它始终都默默存在。母语里一定藏着母亲一样的情怀，藏着我们这个民族最原始的秘密。爱汉字、用汉字，让汉字成全我们的心，这也许是我们面对古老汉字时真正能够得到的启发。

[1]

行路难（其一）

唐　李白

金樽清酒斗十千，玉盘珍羞直万钱。

停杯投箸不能食，拔剑四顾心茫然。

欲渡黄河冰塞川，将登太行雪满山。

闲来垂钓碧溪上，忽复乘舟梦日边。

行路难！行路难！多歧路，今安在？

长风破浪会有时，直挂云帆济沧海。

[2]

古诗十九首·行行重行行

行行重行行，与君生别离。

相去万余里，各在天一涯；

道路阻且长，会面安可知？

胡马依北风，越鸟巢南枝。

相去日已远，衣带日已缓；

浮云蔽白日，游子不顾反。

思君令人老，岁月忽已晚。

弃捐勿复道，努力加餐饭！